Rebecca Ruth Weisser

Die vier Gesichter des Vaters

Rebecca Ruth Weisser

Die vier Gesichter des Vaters

Wie sich Gottes Charakter in seinen Söhnen und Töchtern entfaltet

GloryWorld-Medien

1. Auflage 2020

© 2020 Rebecca Ruth Weisser

© 2020 GloryWorld-Medien, Xanten, Germany, www.gloryworld.de

Alle Rechte vorbehalten

Bibelzitate sind, falls nicht anders gekennzeichnet, der Elberfelder Bibel, Revidierte Fassung von 1985, entnommen. In Klammern gesetzte Ergänzungen stammen vom Autor. Weitere Bibelübersetzungen:
HFA: Hoffnung für alle, Basel und Gießen, 1983
LUT: Lutherbibel, Revidierte Fassung von 2017

Das Buch folgt den Regeln der Deutschen Rechtschreibreform. Die Bibelzitate wurden diesen Rechtschreibregeln angepasst.

Übersetzung: Elisabeth Fuchs
Lektorat: Frank Krause
Satz: Manfred Mayer
Umschlaggestaltung: Jens Neuhaus, www.7dinge.de
Umschlagbild: pixabay
Druck: arkadruk.pl

Printed in the EU

ISBN: 978-3-95578-359-4
Bestellnummer: 356359

Erhältlich beim Verlag:

> GloryWorld-Medien
> Beit-Sahour-Str. 4
> D-46509 Xanten
> Tel.: 02801-9854003
> Fax: 02801-9854004
> info@gloryworld.de
> **www.gloryworld.de**

oder in jeder Buchhandlung

Stimmen zum Buch

Seit einigen Jahren nimmt Rebecca als Mitglied unsere Online-Gemeinschaft „The Rev", welche ein Teil der „Ekklesia of The Most High" („Gemeinde des Höchsten") ist, aktiv an deren lehrmäßiger und geistlicher Entwicklung teil. Ihr tiefes Verständnis der „Vier Gesichter Gottes" und deren Bedeutung eines jeden Einzelnen davon für uns ist gerade in dieser Zeit für den Leib Christi sehr wichtig. Leider wird in kaum einer Gemeinde darüber gelehrt.

Die Lektüre dieses Textes wird dich auf deinem geistlichen Weg stärken und deine Erkenntnis darüber erweitern, in welche Dimensionen Gott uns heute ruft. Rebeccas Buch ist eine großartige Hilfe, um in deiner persönlichen Beziehung zum höchsten Gott – deinem himmlischen Vater – zu wachsen.

Paula MinGucci, *The Rev / The Ekklesia of The Most High*

Rebecca Weisser greift in ihrem Büchlein ein „heißes Eisen" auf, da sich die Theologen aller Zeiten ihre Gedanken über die vier Wesen bzw. Cherubim vor dem Thron Gottes gemacht haben. Wer sind sie und was bedeuten ihre verschiedenen Gesichter? Die Autorin greift den Aspekt der Anbetung heraus und fordert uns auf, näherzutreten. Als wiedergeborene Christen haben wir durch Jesus den direkten Zugang zu diesem allerheiligsten Bereich und können uns jene vier Gestalten, welche mit ihren unterschiedlichen Gesichtern das Gesicht des EINEN auf dem Thron widerspiegeln, genauer ansehen.

Das Buch fordert uns auf, gemeinsam mit diesen „lebendigen Wesen voller Augen vorn und hinten" (Offb 4,6) anzubeten, um dadurch jene Charaktereigenschaften Gottes, die sie repräsentieren, deutlicher zu erfahren und in uns aufzunehmen. Tun wir das, werden wir in der Folge vielleicht bereit dazu, mit dem Apostel Johannes, dem Schreiber der Offenbarung, Einblick in jenes Buch zu gewinnen, welches Jesus würdig ist, aus Gottes Hand zu empfangen, denn bei den ersten vier (von sechs) Siegeln ruft ihn jeweils eines der Wesen mit donnernder Stimme dazu auf, zu kommen und zu sehen ... Und geht es im geistlichen Leben nicht immer darum, zu kommen und zu sehen?

Frank Krause, Autor und Sprecher

Inhalt

Danksagung 9

Vorwort 13

Einführung 15

1 Die vier lebendigen Wesen 19

2 Der Löwe – König Jesus
  (wie im Evangelium von Matthäus dargestellt) 29

3 Der Löwe – unser Königtum in Christus 37

4 Der Ochse – Jesus als der demütige Diener
  (wie im Markusevangelium dargestellt) 49

5 Der Ochse – Unsere Dienerschaft in Christus 57

6 Der Mensch – Jesus, der Menschensohn
  (der perfekte Mensch, wie im Lukasevangelium dargestellt) ... 67

7 Der Mensch – unsere Menschlichkeit in Christus 75

8 Der Adler – Jesus als der ewige Sohn Gottes
  (wie im Johannesevangelium dargestellt) 87

9 Der Adler – Unser himmlisches Überwinderleben in Christus . 99

10 Wie geht es weiter? 113

Anhang 116

Über die Autorin 117

Danksagung

Ich bin sehr dankbar für alle, die mich beim Schreiben dieses Buches inspiriert und unterstützt haben.

Verschiedene Lehrer, darunter Ian Clayton, haben ausführlich über die so genannten „vier lebenden Wesen" und die vier Gesichter Gottes gelehrt. Ich bin sehr dankbar, dass Ian eine Vorreiterrolle beim *Erleben* dieser Geschöpfe in der Anbetung gespielt hat und alles, was er gelernt und erfahren hat, freimütig an uns weitergegeben hat.

Durch die Lehren von Neville Johnson, einem anderen Lehrer, über das Reifwerden des Gläubigen wurde mir klar, wie wichtig es für uns ist, dass wir durch die vier Gesichter *„in allem hinwachsen zu ihm, der das Haupt ist, Christus"* (Eph 4,15).

Ich erinnere mich noch daran, wie ich vor einigen Jahren Kay Chance von *ARISE! Ministries* hier in Deutschland von meinem Interesse an den vier lebenden Wesen erzählt habe. Kay ist sowohl eine Freundin für mich als auch eine meiner geistlichen Mentorinnen. Sie ist sehr treu darin, mich immer wieder dazu herauszufordern, Gott in tieferer Weise zu erfahren. Sobald sie hörte, dass ich mich für diese Lehre interessierte, sandte sie mir alle ihre Notizen zu diesem Thema – sie hatte bereits Seminare bezüglich der vier Gesichter Gottes mit ihren Studenten im Glaubenszentrum Bad Gandersheim abgehalten, während sie dort die Co-Leiterin war (zusammen mit dem hauptverantwortlichen Leiter Mike Chance, ihrem Mann). Ich war von ihrer Großzügigkeit begeistert und gleichzeitig tief berührt – von ihren tiefen Erkenntnissen habe ich sehr profitiert, und viele ihrer Gedanken sind in dieses Buch eingeflossen. Ganz innigen Dank dir, liebe Kay, für deine Hingabe an mich, wie auch an Deutschland!

Als ich nachforschte, ob es denn *irgendein* Buch zum Thema der vier Gesichter Gottes gab, fand ich nur ein einziges: „Die Vier Gesichter Gottes" von Timothy Pain und John Bickersteth. Dieses Buch beinhaltet viele Schätze des Wortes Gottes und war sehr inspirierend für mich. Folgender Satz von Jackie Pullinger beeindruckte mich: „Wenn ich nur ein Buch neben der Bibel haben dürfte – dann wäre es dieses". Danke an Timothy und John, dass Ihr so viel durch euer Buch bewirkt habt!

Zwei weitere Mentoren, Paula MinGucci und Don Schluter aus Illinois, machten mir die praktische Seite der Begegnung mit den lebenden Wesen in Gottes Thronraum zugänglich. Paula ist eine prophetische Stimme und hat die Online-Gemeinschaft „Ekklesia of the Most High" („Gemeinde des Höchsten") gegründet. Außerdem hat sie eine Internet-Plattform eröffnet, um andere tiefer in die Bereiche Prophetie und Intimität mit dem Vater hineinzuführen. Don Schluter ist der Pastor der *New Horizons Community Church* in Marion, Illinois. Sein Hunger nach tieferen Wahrheiten in Gottes Wort und seine Kenntnis des Hebräischen waren für mich in Bezug auf dieses Thema eine weitere Bereicherung. Vielen Dank an euch, Paula und Don, für eure geistliche Unterstützung und Freundschaft!

In praktischer Hinsicht bin ich einigen treuen Weggefährten dankbar, die mich beim Schreiben dieses Buch begleitet haben. Meine liebe Freundin Monika Bukowski vertiefte sich in dieses Thema, um Anbetungsabende vorzubereiten, die auf den einzelnen Gesichtern Gottes basierten. Unser geistlicher Gedankenaustausch und die Aktivierungen, die wir für diese Abende entwickelten, verschafften mir noch tiefere Erkenntnisse und Einsichten. Ich bin auch Elisabeth Fuchs sehr dankbar, die mit mir zusammen dieses Buch in die deutsche Sprache übersetzt hat. Ihre Ideen, wie man meine Gedanken den deutschsprachigen Lesern am besten verständlich machen kann, waren mir eine große Hilfe.

Sehr hilfreich und bereichernd für diese deutsche Ausgabe war die Lektoratsarbeit von Frank Krause. Für sein Mitdenken und für die Formulierung meiner Gedanken in der deutschen Sprache bin ich zutiefst dankbar. Der Austausch mit Frank über den Inhalt dieses Buchs war sehr intensiv, so dass die wahre Bedeutung meines Textes am Schluss viel klarer formuliert war. Vielen Dank, Frank, für deine Unterstützung!

Zutiefst dankbar bin ich auch meinem lieben Mann Thomas, der unser HOPP (House of Prayer and Praise) in der zweiten Etage unseres Geschäftshauses in Triberg eingerichtet hat. Seine Liebe und Unterstützung sowie die Freiheit, die er mir einräumte, um Gott weiter nachzugehen, trugen grundlegend dazu bei, dass dieses Buch entstehen konnte.

Vor allem bin ich meinem Gott – Vater, Sohn und Heiliger Geist (in sich selbst eine Familie) – ewig dankbar. Er ist mein Fels, meine Stärke, mein Ermutiger und mein Beschützer und ist noch so viel mehr für mich, als ich sagen kann. Danke, Vater, für alles, was du für mich geplant hast, noch bevor du mich im Mutterleib geformt hast. Danke, dass ich dieses Buch schreiben durfte. Es ist DIR gewidmet – es geht nur um DICH!

Vorwort

Die vier Gesichter des Vaters ist ein Buch voller Wahrheit und Offenbarung. Es hat das Potenzial, alle deine Lebensbereiche zu verändern. Die Manifestation des göttlichen Charakters in Form der Gesichter eines Löwen, Stiers bzw. Ochsen, Menschen und Adlers wird dir dabei helfen, die Fülle des Lebens zu erfahren, die Jesus dir schenken möchte und um derentwillen er auf diese Erde kam. Wenn du ihn vor Augen hast und seine Autorität über den Feind erkennst, ebenso wie sein Dienerherz in Bezug auf den Willen des Vaters, seine vollkommene Menschlichkeit und Barmherzigkeit für alle Menschen sowie seine Auferstehungsherrlichkeit, dann wirst du wie der Adler über die Dunkelheit aufsteigen, wie ein Löwe gegen den Feind brüllen, wie ein Ochse dienen und mit anderen in einer wunderbaren, verständnisvollen Freundschaft verbunden sein.

Ich lernte Rebecca vor vielen Jahren bei einer Frauenkonferenz kennen, wo sie den Lobpreis leitete. Sie ist eine Frau nach dem Herzen Gottes und möchte stets MEHR VON IHM erleben. Sie schöpft daraus, tief in Gottes Wort verwurzelt zu sein, aus ihrem Leben als Ehefrau, Mutter und Geschäftsfrau (gemeinsam mit ihrem Ehemann) sowie ihrer Erfahrung in der Seelsorge und der Zurüstung anderer. Sie vermittelt nicht nur erstaunliche biblische Wahrheiten, sondern leitet uns auch praktisch an, in diese Wahrheiten hineinzukommen.

Du kannst deinen Platz im himmlischen Thronraum einnehmen und die Realitäten dort auf jeden deiner Lebensbereiche anwenden. Trinke tief aus dem himmlischen Fluss, und du wirst am Leben Christi teilhaben und in sein Bild verwandelt werden. Dein Leben wird in jeder Hinsicht lebendig werden, und dein Herz wird vor Freude singen! Und darüber hinaus wird der Fluss durch dich strömen und viele Menschen anrühren.

Indem du dich immer mehr mit der himmlischen Herrlichkeit Christi verbindest, wirst du anfangen zu LEUCHTEN; und die Herrlichkeit des Herrn wird sich über dir ERHEBEN!

Kay Chance, *ARISE!*

Einführung

Wie sieht Gott der Vater aus? Wie hat Jesus, während er auf der Erde lebte, die Fülle des Vaters offenbart? Wie können wir heute das Wesen des Vaters in größerer Fülle erleben? Wie können wir immer mehr wie er werden?

Ich glaube, dass es ein Geheimnis Gottes gibt, welches durch die *vier lebendigen Wesen vor dem Thron Gottes* offenbart wird, die sowohl im Alten als auch Neuen Testament beschrieben werden. Die vier Gesichter dieser Wesen zeigen:

1. den Löwen
2. den Stier bzw. Ochsen
3. den Menschen
4. den Adler

Die vier Gesichter Gottes, die auch in Jesus Christus, dem Gott-Menschen, zum Ausdruck kommen und in den vier Evangelien aufgezeigt werden, faszinieren mich seit einiger Zeit und haben mich neugierig gemacht. Ich erinnere mich an die späten 1970er-Jahre, als ich in einer Bibelschule in Kansas City war, dass wir kurz durchgenommen haben, inwiefern die vier Evangelien mit den vier „lebendigen Wesen" in Bezug stehen. Diese scheinbar geheimnisvollen Wesen werden sowohl in der Vision von Johannes im Buch der Offenbarung als auch in Hesekiels Vision vom Thron Gottes detailliert beschrieben. Damals war ich innerlich noch nicht bereit, eine vollständigere Offenbarung darüber zu empfangen, was diese vier lebenden Wesen repräsentieren oder bedeuten könnten, ganz abgesehen von der Möglichkeit, dass sie *reale* Wesen sein könnten, die dazu geschaffen wurden, vor dem Thron

Gottes anzubeten. In dieser Zeit wurde mir jedoch bewusst, dass in den vier Evangelien verschiedene Aspekte der Persönlichkeit Christi aufgezeigt werden, die darauf hindeuten, dass sich Gottes Ebenbild in dem Menschen Jesus Christus auf vierfache Weise offenbart.

Vor einigen Jahren führte mich Gott auf eine geistliche Reise durch sein Wort, die Bibel, um mir die Beschreibungen des Thronraumes Gottes aufzuzeigen – wo Gott der Höchste sitzt und über die ganze Schöpfung, sowohl die irdische als auch die himmlische, regiert. Als ich anfing, meine gottgegebene Vorstellungskraft zu gebrauchen, um mir bildlich vorzustellen, was die Bibel durch die verschiedenen Beschreibungen von Gottes Thron vermittelt, stieß ich dann wieder auf die vier lebendigen Wesen in Hesekiel und der Offenbarung. Gott ließ mich Wahrheiten über diese vier „Gesichter" erkennen, die mir eine vollständigere Offenbarung von Jesus Christus als genauem Abbild von Gott dem Vater (wie in Kolosser 1,15 beschrieben) gaben.

Eine weitere Erkenntnis, die für mich sehr real wurde, ist die Verwandlung des wiedergeborenen Gläubigen in das Bild Jesus Christi. Diese Verwandlung in das Bild Christi bedeutet, dass wir „von Herrlichkeit zu Herrlichkeit" in sein Ebenbild umgestaltet werden, wenn wir die Herrlichkeit des Herrn anschauen:

Wir alle aber schauen mit aufgedecktem Angesicht den Herrn an und werden so verwandelt in dasselbe Bild von Herrlichkeit zu Herrlichkeit wie es vom Herrn, dem Geist, geschieht (2 Kor 3,18).

Einen anderen, vielleicht nicht so leicht erkennbaren Bezug zu diesem vierfachen Wesen Jesu Christi, finden wir im Kolosserbrief:

... da ihr den alten Menschen mit seinen Handlungen ausgezogen und den neuen angezogen habt, der erneuert wird zur Erkenntnis nach dem Bild dessen, der ihn erschaffen hat (Kol 3,9b-10).

Paulus hatte bereits weiter vorne in diesem Brief folgende Aussage gemacht:

> Er (Christus) ist **das Bild** des unsichtbaren Gottes, der Erstgeborene aller Schöpfung (Kol 1,15).

Wer sind diese „lebendigen Wesen"?

Als ich über die Vision in Offenbarung 4 und 5 nachdachte, ging mir auf, dass diese Wesen Tag und Nacht vor dem Thron Gottes anbeten. Sie betrachten beständig seine Schönheit und Majestät, seinen Charakter und sein Wesen, und sie fallen immer wieder vor ihm nieder und rufen aus: *„Heilig, heilig, heilig ist der Herr Gott, der Allmächtige."* Ich erkannte, dass diese Kreaturen (geschaffene Wesen) so geworden sind, wie das, was sie anschauen, und dass sie gemeinsam ihren Schöpfers mit seinen verschiedenen Aspekten vollständig widerspiegeln.

Während dieser Zeit zunehmender Offenbarung, führte mich der Herr zu verschiedenen Lehren über diese Wesen und wie wir diese Lehren in unserem täglichen Leben als Gläubige, die in der Erkenntnis des Herrn Jesus Christus zunehmen und *„in allen Stücken zu ihm hin wachsen"* (Eph 4,15), anwenden können.

Dieses Buch hat zum Ziel,

- den Herrn Jesus Christus zu beschreiben, wie er in den vier Evangelien im Zusammenhang mit den (Gesichtern der) vier lebendigen Wesen offenbart wird (Löwe, Stier bzw. Ochse, Mensch und Adler).
- praktisches Wissen darüber zu vermitteln, auf welche Weise diese vier „Gesichter" Gott, unseren Vater, in seiner Fülle widerspiegeln.
- aufzuzeigen, wie wir in diese Wahrheiten hineinkommen und sie auf unser Leben anwenden können, damit wir als neugeborene Söhne und Töchter Gottes zur Reife gelangen können.

Mein Gebet, zusammen mit dem Apostel Paulus, ist ...

> ... *dass der Gott unseres Herrn Jesus Christus, der Vater der Herrlichkeit, euch gebe den Geist der Weisheit und Offenbarung in der Erkenntnis seiner selbst. Er erleuchte die Augen eures Herzens, damit ihr wisst, was die Hoffnung seiner Berufung, was der Reichtum der Herrlichkeit seines Erbes in den Heiligen ist ...* (Eph 1,17-18).

Unsere Hoffnung ist, dass sich Gottes Herrlichkeit in jedem Teil unseres Seins manifestiert: *„Christus in euch, die Hoffnung der Herrlichkeit"* (Kol 1,27).

Bevor wir in diese wundervollen Offenbarungen über die vier Gesichter Gottes eintauchen, möchte ich mit dir und für dich beten:

> *Unser himmlischer Vater, wir danken dir für dein Wort und dafür, dass du dich durch dein Wort ständig neu offenbarst. Danke, dass wir mehr Offenbarung über dich und deinen Charakter bekommen können. Wir werden alles wertschätzen, was wir erhalten, wenn wir all die Wahrheiten erforschen und entdecken, die du uns durch die vier Gesichter zeigst, die deinen Charakter widerspiegeln.*
>
> *Und, lieber Vater, wir bitten dich darum, uns von Herrlichkeit zu Herrlichkeit zu verwandeln, während wir in dein vierfaches Antlitz des Löwen, Stiers, Menschen und Adlers schauen. Amen.*

Kapitel 1

Die vier lebendigen Wesen

Die Beschreibungen der vier lebendigen Wesen in Gottes Wort sind sehr detailliert, was uns dabei hilft, sie uns besser bildlich vorstellen zu können (durch die göttliche Vorstellungskraft in uns, welche in unseren Gedanken Bilder formt über das, worüber wir nachdenken).

Schauen wir uns nun die Bibelabschnitte an, in denen die „vier lebendigen Wesen" vor dem Thron Gottes im Wort Gottes beschrieben werden. Zuerst finden wir – unter dem Alten Bund – beim Propheten Hesekiel Folgendes:

Und ich sah: Und siehe, ein Sturmwind kam von Norden her, eine große Wolke und ein Feuer, das hin- und her zuckte, und Glanz war rings um sie her. Und aus seiner Mitte, aus der Mitte des Feuers, [strahlte es] wie der Anblick von glänzendem Metall. Und aus seiner Mitte hervor [erschien] die Gestalt von vier lebendigen Wesen; und dies war ihr Aussehen: die Gestalt eines Menschen hatten sie. Und vier Gesichter hatte jedes, und vier Flügel hatte jedes von ihnen. Und ihre Beine waren gerade Beine und ihre Fußsohlen wie die Fußsohle eines Kalbes; und sie funkelten wie der Anblick von blanker Bronze. Und Menschenhände waren unter ihren Flügeln an ihren vier Seiten; und die vier hatten ihre Gesichter und ihre Flügel.
Ihre Flügel berührten sich, einer mit dem anderen; sie wandten sich nicht um, wenn sie gingen: sie gingen, ein

jedes gerade vor sich hin. Und [das war] die Gestalt ihrer Gesichter: Das Gesicht eines Menschen und das Gesicht eines Löwen hatten die vier rechts, und das Gesicht eines Stieres hatten die vier links, und das Gesicht eines Adlers hatten die vier. Und ihre Flügel waren [nach] oben ausgespannt; jedes hatte zwei, die sich einer [mit dem anderen] berührten, und zwei, die ihre Leiber bedeckten. Und sie gingen ein jeder gerade vor sich hin; wohin der Geist gehen wollte, dahin gingen sie; sie wandten sich nicht um, wenn sie gingen.

Und mitten zwischen den lebendigen Wesen war ein Schein wie von brennenden Feuerkohlen; wie ein Schein von Fackeln war das, was zwischen den lebenden Wesen hin und herfuhr; und das Feuer hatte einen Glanz, und aus dem Feuer fuhren Blitze hervor. Und die lebendigen Wesen liefen hin und her, so dass es aussah wie Blitze.

Und als ich die lebendigen Wesen sah, siehe, da war ein Rad auf der Erde neben den lebenden Wesen, bei ihren vier Vorderseiten. Das Aussehen der Räder und ihre Verarbeitung war wie der Anblick von einem Türkis, und die vier hatten ein und dieselbe Gestalt; und ihr Aussehen und ihre Verarbeitung war, wie wenn ein Rad mitten im [anderen] Rad wäre. Wenn sie gingen, dann gingen sie nach ihren vier Seiten hin; sie wandten sich nicht um, wenn sie gingen. Und ihre Felgen, sie waren hoch, und als ich sie anblickte, [sah ich,] dass ihre Felgen voller Augen waren rings herum bei den vieren.

Und wenn die lebendigen Wesen gingen, gingen [auch] die Räder neben ihnen her; und wenn die lebendigen Wesen sich von der Erde erhoben, erhoben sich [auch] die Räder. Wohin der Geist gehen wollte, gingen sie, dahin, wohin der Geist gehen [wollte]. Und die Räder erhoben sich gleichzeitig mit ihnen, denn der Geist des lebendigen Wesens war in den Rädern. Wenn [jene] gingen, gingen [auch diese], und wenn [jene] stehen blieben, dann blieben [auch diese] stehen; und wenn sich [jene] von der Erde erhoben, [dann] erhoben sich die Räder gleichzeitig mit ihnen. Denn der Geist des lebendigen Wesens war in den Rädern (Hes 1,4-21).

In Kapitel 10 lesen wir über diese Wesen außerdem, dass sie „Cherubim" genannt werden und scheinbar die Funktion haben, sich unter dem Fundament der Herrlichkeit des Herrn zu bewegen, in dem sie überall hingehen, wo der Thron Gottes, welcher auf dem „festen Gewölbe" (vgl. Hes 10,1) sitzt, hingeht. Sie bewegen sich in völliger Harmonie und Einheit mit den Bewegungen der Herrlichkeit Gottes.

In der Offenbarung Jesu Christi, die vom Apostel Johannes verfasst wurde, finden wir etwas Ähnliches beschrieben, jedoch aus einer anderen Perspektive. In den Kapiteln 4 und 5 berichtet Johannes, was er sah, als er „nach oben" in den Thronraum Gottes gerufen wurde.

Johannes beschreibt als Erstes den Thron Gottes, wie er ihn erlebt, mit einer Vielfalt von Farben, Klängen und Gestalten um den Thron herum. Danach beginnt er damit, die vier lebenden Wesen zu beschreiben:

Und vor dem Thron war es wie ein gläsernes Meer, gleich Kristall; und inmitten des Thrones und rings um den Thron vier lebendige Wesen, voller Augen vorn und hinten. Und das erste lebendige Wesen war gleich einem Löwen und das zweite lebendige Wesen gleich einem jungen Stier, und das dritte lebendige Wesen hatte das Angesicht wie das eines Menschen, und das vierte lebendige Wesen war gleich einem fliegenden Adler. Und die vier lebendigen Wesen hatten, eines wie das andere, je sechs Flügel und sind ringsum und inwendig voller Augen, und sie hören Tag und Nacht nicht auf zu sagen: Heilig, heilig, heilig, Herr, Gott, Allmächtiger, der war und der ist und der kommt! Und wenn die lebendigen Wesen Herrlichkeit und Ehre und Danksagung geben werden dem, der auf dem Thron sitzt, der da lebt von Ewigkeit zu Ewigkeit, so werden die vierundzwanzig Ältesten niederfallen vor dem, der auf dem Thron sitzt, und den anbeten, der von Ewigkeit zu Ewigkeit lebt, und werden ihre

Siegeskränze niederwerfen vor dem Thron und sagen: Du bist würdig, unser Herr und Gott, die Herrlichkeit und die Ehre und die Macht zu nehmen, denn du hast alle Dinge erschaffen, und deines Willens wegen waren sie und sind sie erschaffen worden (Offb 4,6-11).

Auch wenn die Beschreibungen in Hesekiels und Johannes' Visionen etwas voneinander abweichen, sind die vier Gesichter die gleichen, genauso wie ihre Funktion, den Herrn anzuschauen und anzubeten. Diese zwei Stellen zeigen, dass die lebendigen Wesen ein integraler Bestandteil des Thrones Gottes sind, und dass sie mit ihren vier Gesichtern eine zentrale Rolle in der Offenbarung der Herrlichkeit des Thrones Gottes spielen.

Die vier Gesichter, wie sie im Lager der Israeliten in der Wüste aufgezeigt werden

Betrachtet man das Lager, welches die Israeliten in der Wüste um die Stiftshütte Gottes aufbauten, sieht man erneut die vier Gesichter der lebendigen Wesen:

1. Die vier Banner mit den Bildern des Löwen, Stiers, Menschen und Adlers:[1]

---

[1] Bildquelle: http://jlfreeman-1.blogspot.com/2014/10/four-faces-of-gospel.html

In den folgenden Darstellungen können wir erkennen, wie die Banner aussahen und wie sie um die Stiftshütte herum platziert waren, als Israel sich in der Wüste befand.

2. Die Anordnung der führenden Stämme der Israeliten (mit jeweiliger Anzahl gezählter Stammesmitglieder) um die Stiftshütte, mit den jeweiligen Bannersymbolen:

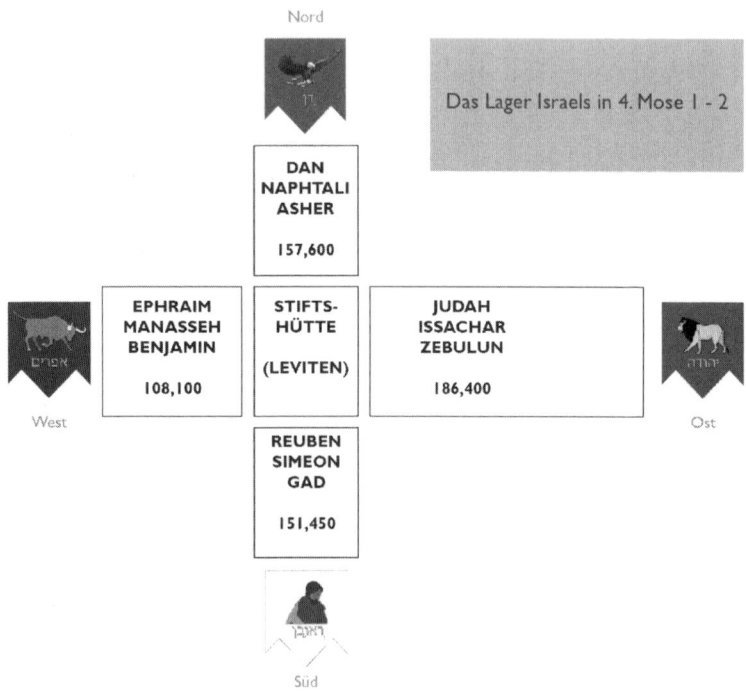

Es ist erstaunlich, dass selbst bei der Errichtung der Stiftshütte (welche die Gegenwart Gottes in seinem Volk darstellt) auf der Wüstenreise der Israeliten die vier Gesichter einen so herausragenden, unverwechselbaren Platz haben. Denn Mose wurde vom Herrn genau gesagt, wie die Stiftshütte zu bauen sei und wie die Stämme sich darum herum lagern sollten. Genaue Details dazu finden sich im 4. Buch Mose.

Nicht nur der Aufbau der Stiftshütte, sondern auch die Anfertigung der verschiedenen Stoffe für das Heiligtum, das Allerheiligste und die priesterliche Bekleidung spiegeln die Aspekte der vier Gesichter wider. Dazu wurden die Farben **Purpur** (königlicher Löwe), **Rot** (Farbe des Opferblutes für den Ochsen als Diener und Opfer), **Weiß** (für das feine Leinen als Ausdruck für den reinen, gereinigten Menschen) und **Blau** (himmlische Farbe für den Adler am Himmel) verwendet, wobei in alle diese vier Farben noch **Gold** (göttliche Natur) mit eingewebt war.

Der innere Vorhang des Heiligtums wurde zum Beispiel aus diesen vier Farben gemacht, und es waren sogar Cherubim darauf gestickt (welche die vier lebenden Wesen darstellen sollen – wie gesagt, nennt sie Hesekiel in Kapitel 10 „Cherubim").

Nun bekommen wir eine Vorstellung davon, wie sehr die Einzelheiten von Gottes Umgang mit seinem Volk das widerspiegeln, was in seinem Thronsaal im himmlischen Bereich vor sich geht. In den folgenden Kapiteln werden wir auch sehen, dass diese vier Bilder des Löwen, Ochsen, Menschen und Adlers ein prophetisches Bild des Messias Jesus Christus sind. *Er ist das vollkommene Bild des Vaters.*

Wie im Brief an die Hebräer (Heb 8,5) ausgeführt wird, sind *„diese Dinge nur ein Schatten und ein Vorzeichen der Dinge, die da kommen".* Sie zeigen auf, dass Jesus Christus wirklich das Wesen des Vaters offenbarte, als er kam, um unter den Menschen zu leben. Der Hebräerbrief sagt uns auch, dass die wahre Stiftshütte im Himmel ist, und dass die irdische Stiftshütte, welche durch Mose erbaut wurde, das widerspiegelte, was Gott ihm auf dem Berg Sinai gezeigt hatte. Wie im Himmel, so auf Erden.

Die „PANIYM" (Gesichter) GOTTES

In Abrahams Leben findet ein sehr interessantes Ereignis statt, das uns einen Hinweis im Hinblick auf die vier Gesichter Gottes gibt. In 1. Mose 17, kommt der Herr (Jahwe) zu Abram und erinnert ihn an den Bund, den er mit ihm in Kapitel 15 geschlossen hatte. Gott sagt hier etwas Interessantes, was die heutigen Bibelübersetzungen meist so wiedergeben:

> *Ich bin Gott, der Allmächtige. Lebe vor meinem Angesicht, und sei untadelig* (1 Mose 17,1).

Ich war wegen dieser Stelle immer ein bisschen beunruhigt, insbesondere was mein eigenes Leben anging. Wie kann ich „untadelig" sein, ohne in meiner eigenen Kraft zu handeln? In der englischen Sprache (meiner Muttersprache) lautet die Übersetzung sogar: „be perfect" (sei vollkommen). Es schien für mich unerreichbar zu sein, in die Fußstapfen des Glaubens von Abraham zu treten. Eine genaue Übersetzung (aus dem Hebräischen) dieses Textes ist jedoch:

> *Gehe hin und her, auf und ab, zwischen meinen Gesichtern* (hebr.: Paniym) *und sei ohne Makel, vollkommen und rein.*

Diese wunderschöne Wahrheit des hebräischen Textes macht die Absichten und Pläne des allmächtigen Gottes für Abram und seine Nachkommen ganz deutlich. Abram (dessen Name in diesem Abschnitt in Abraham geändert wird, um die Fruchtbarkeit darzustellen, welche Gott ihm gab) war hier von Gott aufgefordert worden, ganz eng (intim) „in seinen Gesichtern" (in den verschiedenen Aspekten von Gottes Charakter) zu wandeln. Dies würde eine Verwandlung in ihm bewirken – durch seine innige Gemeinschaft mit Gott würde die Reinheit Gottes auf ihn übergehen.

Das mag unbedeutend scheinen, aber als ich nach der tieferen, praktischen Bedeutung der vier Gesichter Gottes suchte, wurde mir durch diesen einen Vers ziemlich viel klar. Sogar schon in dieser kleinen Stelle im 1. Buch Mose sehen wir einen

Hinweis auf die vier Gesichter Gottes, welche später in Hesekiel und der Offenbarung detailliert beschrieben werden.

Die vier Gesichter werden ebenfalls sowohl in den Bannern der vier leitenden Stämme in ihren Lagern um die Stiftshütte herum als auch im Aufbau der Stiftshütte in der Wüste und dem späteren Tempelgebäude in Jerusalem dargestellt.

Die ganze Betonung dieser Gesichter Gottes liegt darauf, dass wir den allmächtigen Gott in der Anbetung *anschauen* und dass wir, wenn wir seine Schönheit betrachten, in sein Bild *verwandelt* werden (Löwe, Stier, Mensch und Adler).

ER verwandelt **uns,** wenn wir **ihn** anschauen.

Die vier Evangelien Jesu Christi

Wie wir in der Einführung dieses Buches gelesen haben, stellt Jesus in seiner Person *„das ganze Bild des unsichtbaren Gottes"* dar (Kol. 1,15). In Johannes 1 lesen wir *„das Wort war im Anfang bei Gott, und das Wort war Gott."* Weiterhin sagt Jesus in Johannes 14,9 zu Philippus:

> *„Wer mich gesehen hat, hat den Vater gesehen."*

In den vier Evangelien werden die vier Gesichter der lebendigen Wesen in Bezug auf Jesus als dem exakten Repräsentanten von Gott-Vater relevant. Auch wenn wir diese vier Aspekte noch im Einzelnen betrachten werden, gebe ich hier eine vorläufige Zusammenfassung:

- Im Evangelium von **Matthäus** wird Jesus als der **Löwe** des Stammes Juda, **der König Israels**, dargestellt.
- Im Evangelium von **Markus** wird Jesus als der **wahre und treue Diener** dargestellt, als **der Stier bzw. Ochse**, welcher ein Leben in Hingabe an Gott lebt.
- Im Evangelium von **Lukas** wird Jesus als der **vollkommene Mensch** („der Menschensohn") dargestellt, der den Willen Gottes durch die Salbung und Leitung des Heiligen Geistes Gottes perfekt auslebt.

- Im Evangelium von **Johannes** wird Jesus als der **Adler** dargestellt, **der himmlische Sohn Gottes**, welcher Gott war, bevor die Zeit begann.

In den folgenden Kapiteln werden wir Folgendes lernen und anwenden:

- Wie Jesus uns das Wesen seines himmlischen Vaters durch jedes dieser vier Gesichter vorlebte.
- Wie Gott diese vier Gesichter in uns entfalten möchte, um uns als seine Söhne und Töchter in die Reife zu führen.

Es hat schon viele Untersuchungen gegeben, in denen die Evangelien miteinander verglichen wurden, um Ähnlichkeiten, Unterschiede und scheinbare Widersprüche zu finden. Wenn wir die vier Gesichter Gottes in Jesus Christus näher betrachten, finden wir ein reiches, abgerundetes Bild darüber, *wer* Gott ist und *wie* sein Charakter in seiner Fülle aussieht.

Die Tatsache, dass in den vier Evangelien unterschiedliche Akzente gesetzt werden, um diese spezifischen Gesichter Gottes zu zeigen, hilft uns auch zu verstehen, warum die verschiedenen Schreiber der Evangelien durch den Heiligen Geist inspiriert wurden, bestimmte Details wiederzugeben und andere wegzulassen, welche nicht für das spezifische „Gesicht" Gottes relevant sind.

Im Anhang sind die verschiedenen Quellen angegeben, die neben der Bibel für mich hilfreich waren, um Informationen zu diesem Thema zusammenzutragen. Am Ende jedes Kapitels finden sich praktische Aktivierungen, um dir zu ermöglichen, diese Wahrheiten umzusetzen.

Kapitel 2

Der Löwe – König Jesus
(wie im Evangelium von Matthäus dargestellt)

In diesem Evangelium wird Jesu *königliche* Eigenschaft betont: Er ist der „Löwe des Stammes Juda". Genauso, wie der Löwe der König des Dschungels ist – voller Macht und Autorität –, ist Jesus der mächtige König, dem alle Autorität vom Vater verliehen wurde, um in Gerechtigkeit zu regieren.

Die Genealogie Jesu in Matthäus deutet darauf hin, dass er von königlicher Natur ist: *„Das Buch des Geschlechts (der Stammbaum) von Jesus Christus, des Sohnes Davids, des Sohnes Abrahams"* (Mt 1,1). Timothy Pain (der das Buch von John Bickersteth verfasst hat) drückt es wie folgt aus: „Matthäus etabliert die königliche Legitimation Jesu, indem er eine Genealogie an den Anfang des Evangeliums stellt. Er verfolgt die Abstammung Jesu von Abraham über David und die Linie der israelischen Könige bis hin zu Joseph, dem offiziellen irdischen Vater Jesu."

Einige interessante Details über das Evangelium von Matthäus, die das königliche Wesen Jesu aufzeigen:

- Die Geburt Jesu wird sehr ausführlich beschrieben, mit vielen „königlichen" Details.
- Der Besuch der Könige aus dem Osten, welche kamen, um den „neugeborenen König" anzubeten, zeugt von königlicher Hoheit. Diese Details sind nur im Matthäusevangelium aufgeschrieben.

- Die Wunder in Matthäus zeigen hauptsächlich seine Autorität über die teuflischen Mächte (z. B. Austreibung von und Autorität über Dämonen) und auch über die Schöpfung.
- In den Gleichnissen in Matthäus geht es hauptsächlich um das „Königreich Gottes" und das „Königreich des Himmels".
- Der Ausdruck „Sohn Davids" kommt in diesem Evangelium häufig vor und weist auf seine königliche Abstammung hin.
- In Matthäus 21,5 finden wir ein Zitat aus dem Propheten Sacharja: *„Siehe, dein König kommt zu dir, sanftmütig und auf einer Eselin reitend, und zwar auf einem Fohlen, dem Jungen eines Lasttiers"* (Sach 9,9).

Wie man überall im Evangelium von Matthäus sehen kann, wird dort das königliche Gesicht Gottes betont und steht im Fokus der Berichte, bis hin zu den letzten Worten Jesu:

„Mir ist alle Macht gegeben im Himmel und auf Erden ..."

„Geht nun hin und macht alle Nationen zu Jüngern, und tauft sie auf den Namen des Vaters und des Sohnes und des Heiligen Geistes, und lehrt sie alles zu bewahren ..." (Mt 28,18-20).

Der König erteilt seinen Untertanen in seinem Namen ihren Auftrag.

Der Löwe hat Fähigkeiten, welche das Wesen Gottes, das in Jesus Christus gezeigt wird, widerspiegeln. Er ist der König der Tiere, der Furcht, Ehrfurcht und Respekt gebietet. Der Löwe wird oft auf königlichen oder fürstlichen Emblemen, Schildern oder Flaggen dargestellt. Der Löwe steht für Leiterschaft, Herrschaft, Autorität und Macht, um diese Autorität auszuüben. Ein eingehendes Studium der Charakteristiken eines Löwen kann vom Leser selbst fortgeführt werden.

Noch eine interessante Anmerkung: Die Flagge von Juda, auf welcher der königliche Löwe dargestellt war, wurde in Richtung *Osten* des Aufbaus der Stiftshütte in der Wüste positioniert. Das könnte sich auf die Nähe zum Thron Gottes als dem König beziehen. In Hesekiel 47 sehen wir die Beschreibung des Wassers des Lebens, welches vom Thron her an der Schwelle des Tempels entspringt und nach Osten fließt.

Wie ist unser König Jesus?

Ein König der Liebe und Gerechtigkeit

Liebe und Gerechtigkeit sind ein unzertrennliches Paar, wenn sie als König regieren. Tatsächlich zeigt sich wahre Liebe darin, dass wir gerechte Entscheidungen bezüglich derjenigen treffen, die unter unserer Autorität stehen. Jesus bewies seine gerechte Liebe durch seinen Tod am Kreuz, wodurch er Autorität über Sünde, Hölle und das Grab ausübte – für uns.

In Offenbarung 19 lesen wir, dass er kommen wird, um zu herrschen und zur Zeit des Gerichts auf der Erde gerecht zu richten:

> *Und er trägt auf seinem Gewand und an seiner Hüfte einen Namen geschrieben: König der Könige und Herr der Herren* (Offb 19,16).

1. Korinther 13 ist sehr bekannt für die detaillierte Beschreibung von göttlicher Liebe. Als ich dieses Kapitel eines Tages las, wurde mir klar, dass hier vor allem *Gottes* Liebe zu uns beschrieben wird. Johannes, der am engsten mit Jesus gelebt hat, als er auf der Erde war, beschreibt Gott in seinen Briefen so:

> *Geliebte, lasst uns einander lieben, denn die Liebe ist aus Gott; und jeder, der liebt, ist aus Gott geboren und erkennt Gott. Wer nicht liebt, hat Gott nicht erkannt, denn Gott ist Liebe* (1 Joh 4,7-8).

Jesus war immer von der Liebe motiviert – der Liebe zu seinem himmlischen Vater und der Liebe für die ganze Menschheit. Diese Eigenschaft des Vaters ist das, worüber Johannes in seinen Briefen schrieb – er definierte Gott als „Liebe". Liebe ist nicht nur etwas, mit dem er sich selbst bezeichnet – Liebe ist, **wer er ist**. Und genau diese Eigenschaft der göttlichen Liebe ist es, die alles durchdrang, was Jesus dachte, sagte und tat, während er auf dieser Erde wandelte. Er spiegelte das Ebenbild seines Vaters im Himmel vollständig wider.

Ein König voller Autorität und Macht (Matthäus 28)

Macht und Autorität sind ebenfalls ein unzertrennliches Paar. Macht alleine ist illegal, wenn sie nicht mit der Autorität gepaart ist, diese Macht zu gebrauchen. Wir lesen in Philipper 2,10-11, dass Jesus der *„Name verliehen ist, der über jeden Namen ist, damit in dem Namen Jesu jedes Knie sich beuge, der Himmlischen und Irdischen und Unterirdischen, und jede Zunge bekenne, dass Jesus Christus Herr ist, zur Ehre Gottes, des Vaters."*

In Matthäus 28,18 lauten die letzten Worte Jesu an seine Nachfolger wie folgt:

Mir ist gegeben alle Macht im Himmel und auf Erden.

Danach gab er seinen Jüngern nicht nur die Macht, sondern auch die Autorität, um in alle Welt zu gehen und das Werk seines Königreiches auszuführen (vgl. die Verse 19-20).

Die Reinheit der Macht Jesu liegt in der ihm vom Thron des Vaters verliehenen vollständigen Autorität. Als der siegreiche Gott-Mensch wächst sein Königreich immer weiter, und er wirkt hier auf der Erde durch seinen Leib der Gläubigen, um den Willen des Vaters in allen Dingen zu erfüllen.

Ein König der Schönheit und Majestät (Psalm 45)

Jesus Christus ist das vollkommene Abbild des Vaters, voller Schönheit. Sein ganzes Sein, seine ganze Person ist voller Schönheit, sein ganzer Charakter ist in jeder Hinsicht schön.

Jesus Christus ist das vollkommene Abbild des Vaters in seiner Majestät. Sein Einfluss wird durch das, was er denkt, sagt und tut, auf alle Dinge ausgeübt. Paulus beschreibt die Majestät Jesu im Kolosserbrief wie folgt:

Er ist das Ebenbild des unsichtbaren Gottes, der Erstgeborene vor aller Schöpfung. Denn in ihm ist alles geschaffen, was im Himmel und auf Erden ist, das Sichtbare und das Unsichtbare, es seien Throne oder Herrschaften oder Mächte oder Gewalten; es ist alles durch ihn und zu ihm geschaffen. Und er ist vor allem, und es besteht alles in ihm (Kol 1,15-17 LUT).

Beim Lesen einiger Psalmen Davids wurde mir bewusst, wie oft David Gott in seiner Schönheit und Majestät beschreibt. Offensichtlich hatte er in den Zeiten der Anbetung vor dem Herrn Begegnungen mit dem allmächtigen Gott und konnte beschreiben, was er sah. Wir sehen dies in verschiedenen Psalmen, wie z. B. im gesamten Psalm 24. Hier noch einige weitere Zitate aus den Psalmen:

*Eins habe ich vom HERRN erbeten,
danach trachte ich:
zu wohnen im Haus des HERRN
alle Tage meines Lebens,
um anzuschauen die Freundlichkeit des HERRN
und nachzudenken in seinem Tempel*
(Ps 27,4; wurde geschrieben, bevor der irdische Tempel erbaut wurde).

*Gebt dem HERRN die Herrlichkeit seines Namens;
betet an den HERRN in heiliger Pracht!* (Ps 29,2).

*Majestät und Pracht sind vor seinem Angesicht,
Stärke und Herrlichkeit in seinem Heiligtum* (Ps 96,6).

*Betet an den HERRN in heiliger Pracht!
Erzittere vor ihm, ganze Erde!* (Ps 96,9).

In seinen ausgiebigen Zeiten der Stille und Anbetung vor Gott wurde David in die himmlischen Dimension hineingenommen, wo er Gott in seiner Schönheit und Majestät sah. Diese Zeiten mit Gott haben in David den Wunsch geweckt, immer mehr von Gottes Gegenwart zu erleben.

In jenen Tagen gab es keinen „Tempel" oder ein anderes „Heiligtum", wo David hätte hingehen können. Er spricht in diesen Psalmen von *himmlischen Orten* die er während seiner Anbetung und seines Gebets besucht hat.

Aktivierung

Hier eine praktische Übung, um zu lernen, unsere Augen auf Jesus zu richten: Wir schließen unsere Augen und denken über alle königlichen Eigenschaften Jesu nach und beten ihn darüber an.

Ich mache es normalerweise so, dass ich meine Augen schließe und meine Gedanken (Vorstellungskraft) auf eine offene Tür in den Thronsaal Gottes richte. Ich tue das in dem Bewusstsein, dass Jesus die Tür zur Gegenwart des Vaters ist. In meinen Gedanken gehe ich dann auf den Thron Gottes zu, wo Jesus zur Rechten Gottes des Vaters sitzt. Ich nähere mich dem Thron in dem Wissen, dass dies nur durch die Gerechtigkeit möglich ist, die Jesus mir durch sein Blut am Kreuz, an dem er gestorben ist, erworben hat.

Ich richte meine inneren Augen auf die linke Seite von Gottes Thron und beginne damit, Jesus, den Gott-Menschen, anzubeten, welcher der König meines Lebens und auch König der Erde ist. Während ich ihn anbete, denke ich über alles nach, was sein Wort mir über sein Königtum sagt, und ich verwende Abschnitte wie Offenbarung 1,10-18, wo Johannes den verherrlichten Jesus in all seiner Majestät und Größe beschreibt.

Wenn du auf diese Weise einige Zeit in der Anbetung verbracht hast, kannst du wieder „herauskommen" und deine Gedanken, Impulse oder Erfahrungen, die du dabei hattest, aufschreiben. Es ist auch wichtig, „kleine" Eindrücke und Gefühle zu notieren, weil sie der Ausgangspunkt für weitere Offenbarungen und tiefere Intimität mit Gott-Vater und dem Herrn Jesus **als König** sein können.

Du kannst auch Fragen aufschreiben und den Heiligen Geist bitten, dir die Antworten zu zeigen. Er liebt es, sich mit uns im Gebet auszutauschen. Der Heilige Geist liebt es auch, Gott-Vater und Jesus, seinen Sohn, zu verherrlichen.

Anmerkung: Es ist wichtig, das Wort nicht nur verstandesmäßig zu studieren, sondern, basierend auf dem, was du aus seinem geschriebenen Wort gelernt hast, auch Erfahrungen mit Gott (Vater, Sohn und Heiliger Geist) zu machen.

Kapitel 3

Der Löwe – unser Königtum in Christus

Wie ich in der Einführung erwähnte, haben alle, die an den Herrn Jesus Christus glauben, eine viel höhere Berufung von Gott-Vater, als nur eben von ewiger Strafe gerettet zu sein, obwohl es natürlich wahr ist, dass Jesus sein Leben gab, um uns vom Reich der Finsternis in Gottes Königreich des Lichtes zurückzukaufen. Wir wurden zu einem Teil der Familie Gottes, und durch die Neugeburt haben wir ein neues Wesen erhalten, welches in unseren menschlichen Geist als Samen gepflanzt wurde. Diese DNA ist genau die DNA Gottes, und es ist das Ziel des Vaters, dass wir in allen Aspekten in das Wesen seines Sohnes Jesus hineinwachsen. Wachsen bedeutet, dass wir reif werden und durch das Leben von Christus in uns immer mehr die „ausgereiften" Charaktereigenschaften unseres Vaters annehmen.

Jesus wird als „König der Könige" und „Herr der Herren" bezeichnet. Wer sind die „Könige" und „Herren", von denen hier die Rede ist? Es ist niemand anderes gemeint als wir, seine erlösten Gläubigen, denen ebenfalls der Titel „Könige und Priester unseres Gottes" (vgl. Offb 1,6; 5,10) gegeben wurde. Auch der Apostel Petrus bestätigt, dass wir ein „königliches Priestertum" sind (vgl. 1 Petr. 2,9). Diese Königlichkeit deutet auf unsere königliche Salbung in Christus hin, um in diesem Leben über Sünde, Krankheit und Umstände zu herrschen.

Der Löwe in uns

In Offenbarung 1,5-6, lesen wir, dass *"Jesus Christus der Erstgeborene der Toten ist und der Fürst der Könige der Erde."* Dann geht es wie folgt weiter: *"... und uns gemacht hat zu einem Königtum, zu Priestern seinem Gott und Vater ..."*

Später, in Kapitel 4 und 5, wenn wir in den Thronsaal hineinschauen, sind dort diejenigen versammelt, die schon im Himmel sind. Sie preisen den Löwen des Stammes von Juda (Jesus Christus) vor dem Thron, weil er uns ...

> *... für unseren Gott zu Königen und Priestern gemacht hat, und sie (wir) werden über die Erde herrschen* (Offb 5,10).

In 1. Petrus 2,9 lesen wir:

> *Ihr seid ein auserwähltes Geschlecht, ein königliches Priestertum ...*

Und in Römer 5,17:

> *Denn wenn durch die Übertretung des einen der Tod durch den einen geherrscht hat, so werden viel mehr die, welche die Überschwänglichkeit der Gnade und der Gabe der Gerechtigkeit empfangen, im Leben herrschen durch den einen, Jesus Christus.*

Der gesamte Epheserbrief offenbart uns die hohe Berufung der Kinder Gottes:

> *Gott aber, der reich ist an Barmherzigkeit, hat um seiner vielen Liebe willen, womit er uns geliebt hat, auch uns, die wir in den Vergehungen tot waren, mit dem Christus lebendig gemacht – durch Gnade seid ihr errettet!*
> *Er hat uns mitauferweckt und mitsitzen lassen in der Himmelswelt in Christus Jesus, damit er in den kommenden Zeitaltern den überschwänglichen Reichtum seiner Gnade in Güte an uns erweise in Christus Jesus* (Eph 2,4-7).

Wir sind manchmal dazu geneigt, aus unserer eigenen Kraft heraus wie ein Löwe zu handeln – herumzubrüllen und mit anderen dominant umzugehen, d. h. uns in einer Macht und Autorität zu bewegen, welche wir nicht vom Herrn Jesus erhalten haben.

Der Schlüssel zu wahrem Regieren und Herrschen in diesem Leben mit Jesus Christus ist, dass **er** die wahre Löwennatur in uns entwickelt, während wir eine innige Beziehung mit ihm entwickeln und uns *seinem* Königtum und *seiner* Herrschaft in unserem eigenen Leben hingeben.

Paulus sagt in seinen Briefen mehr als einmal, dass wir in diesem Leben durch Jesus Christus regieren sollen – durch seine Stärke, durch seine Gerechtigkeit, durch seine Liebe. Es ist JESUS selbst und unsere Einheit mit ihm, während wir in ihm bleiben (vgl. Joh 15), welche echte (legitime) Autorität und Macht in unser Leben bringen. Er bewirkt auch Liebe und Gerechtigkeit, die nötig sind, um in Reife und Effektivität zu regieren.

Weil der Begriff „Herrschaft" für einige einen negativen Beigeschmack hat, ist es wichtig zu definieren, was der Begriff „Herrschaft" oder „Königtum" wirklich bedeutet. Als ein König oder Herrscher in einer wahren, gottgemäßen Weise zu fungieren, bedeutet:

- die von Gott gegebene Autorität zu nutzen, um die Untertanen bzw. Bürger des Königreichs gut zu leiten.
- Gesetze zu erlassen, welche dem Wohlergehen der Leute dienen.
- Alle Bewohner des Königreiches vor Bösem oder Gefahr schützen, auch vor jeglichen Feinden, die versuchen könnten, das Königreich anzugreifen oder sich dort einzuschleichen.

Könige üben ihre Autorität aus, indem sie das **proklamieren** und **deklarieren**, was sie für die verschiedenen Bereiche ihres Königreiches als richtig und gültig entschieden haben. Wenn wir das auf unser persönliches Leben übertragen, bedeutet das, dass wir über alle Bereiche unseres Lebens **sprechen** und **deklarieren** müssen – indem wir unseren Mund benutzen, um das Wort und den Willen Gottes in alle unsere Lebenssituationen hineinzusprechen.

In Epheser 6 lesen wir vom *„Schwert des Geistes, welches das Wort Gottes ist.* Das hier benutzte griechische Wort für „Schwert" bedeutet: „ein kurzes Messer für den Nahkampf". Als Teil unserer geistlichen Rüstung konzentrieren wir uns auf jeden Bereich unseres Lebens, der nicht mit dem Wort Gottes übereinstimmt, und sprechen das Wort Gottes in diese Situation hinein. Anders gesagt: Wir nehmen die Worte, die Gott gesprochen und für uns aufgeschrieben hat, und sprechen sie mit unserem Mund in die Dinge hinein, welche nicht mit dieser Wahrheit übereinstimmen. Dies ist nicht anmaßend, sondern wir gebrauchen unsere Autorität, die uns von Gott durch den Bund mit Jesus Christus gegeben ist.

Wir proklamieren und deklarieren das Wort Gottes im Gebet über alle Bereiche unseres Lebens und der Welt um uns herum, entsprechend dem, wie Gott uns führt, für unsere Familie, unseren Arbeitsplatz, unsere Einflussbereiche, und manchmal für Städte und Nationen zu beten.

Für welche Dinge sind wir nun verantwortlich, dass wir über sie regieren, sie verwalten und schützen? Es gibt verschiedene Ebenen königlicher Autorität, zu welchen der Herr uns beruft.

Königtum des Herzens

Zuerst und vor allem sind wir berufen, auf unsere eigenen Herzen zu achten, bis in die tiefsten Motivationen und Absichten hinein, die sich dort finden. Dies ist ein reales, *inwendiges* Königreich, über welches geherrscht werden muss. Im Buch der Sprüche lesen wir:

Mehr als alles, was man [sonst] bewahrt, behüte dein Herz! Denn in ihm [entspringt] die Quelle des Lebens (Spr 4,23).

Dieses „Herrschen innerhalb unseres Herzens" ist unsere *erste und wichtigste Verantwortung* vor dem König, dem Herrn Jesus Christus. Unser Herz kann als ein Garten betrachtet werden, in welchem der Herr mit uns Gemeinschaft hat (wie einst Adam im Garten Eden), und wir können diesen Garten mit dem Herrn zusammen kultivieren, um ein Paradies daraus zu machen. Er freut sich daran, mit uns in unserem Herzensgarten Zeit zu verbringen (dies ist nochmal ein ganzes Thema für sich). Dazu gehört:

- Grenzen zu setzen, um unseren Verstand (Gedankenleben), unseren Willen und unsere Emotionen zu zügeln und zu schützen.
- Wir erfüllen das „Königtum" unseres Herzens mit Gottes Geboten und Wegen. Dies schließt auch mit ein, dass wir unser Herz weiten lassen, damit es mehr von dem aufnehmen kann, was Gott in uns ganz persönlich entwickeln möchte.
- Wenn wir entdecken, dass in unserem Königtum des Herzens negative Dinge geschehen (wir könnten diese Dinge „Feinde unserer Seele" nennen), dann richten wir sie und werfen sie hinaus. Damit setzen wir die Gesetze und Wege Gottes in unserem Herzen um.

2. Korinther 10,4-6 sagt uns, dass wir Autorität über alles haben, was sich *in uns* gegen Gott erhebt:

... denn die Waffen unseres Kampfes sind nicht fleischlich, sondern mächtig für Gott zur Zerstörung von Festungen; so zerstören wir Vernünfteleien und jede Höhe, die sich gegen die Erkenntnis Gottes erhebt, und nehmen jeden Gedanken gefangen unter den Gehorsam Christi und sind bereit, allen Ungehorsam zu strafen, wenn euer Gehorsam erfüllt sein wird.

Wir müssen dabei nicht selbst herausfinden, wie unser Herzenskönigreich aussehen soll. Das geschriebene Wort Gottes, die Bibel ist unsere Richtschnur dafür, wie ein gesundes Königreich in unseren Herzen aussieht. Und nicht nur das – Jesus sandte uns den Heiligen Geist als unseren „Parakletos" (Beistand), um an unsere Seite zu kommen und uns in alle

Wahrheit zu leiten. Er möchte uns beständig in unserem Herzen führen und uns Jesu Wesen, seine Gedanken und Wünsche offenbaren.

Herrschaft in unserem Alltag

Eine andere Ebene der Herrschaft betrifft unsere praktischen Lebenssituationen. Paulus ruft uns dazu auf, *„in diesem Leben zu regieren durch unseren Herrn Jesus Christus"* (Röm 5,17). Wir können in jeder Situation mit unserem König, dem Herrn Jesus Christus, zusammenarbeiten, und uns über die Umstände erheben, welche uns immer wieder überwältigen und zerstören wollen. Ist es nicht wunderbar, dass wir dies nicht aus eigener Kraft tun müssen?

> *Weil der, welcher in euch ist (das Christus-Leben, welches in uns lebt und zunimmt), größer ist, als der, welcher in der Welt ist* (1 Joh 4,4; Einfügung durch die Autorin).

Manchmal gibt es auch Angriffe von Satan, unserem Feind, durch die er uns entmutigen, verletzen oder sogar vernichten will. Wir haben auch über ihn die Autorität des Reiches Gottes erhalten. (Dies ist ein sehr weitgefächertes Thema und kann hier nicht erörtert werden.)

Als Könige und Priester können wir die Wahrheiten von Gottes Königreich über unsere Lebensumstände ausrufen und erklären. Oft sind nicht die Umstände selbst der Grund für das, was uns in Ohnmacht stürzt, sondern vielmehr wie wir über sie denken und fühlen.

Vor einigen Jahren empfing ich ein prophetisches Wort. Jemand sah, wie ich auf meinen Umständen tanzte (stampfte!) – ein sehr anschauliches Bild dafür, dass ich mich im Gebet und aktivem Lobpreis bewegen soll, um mit Christus über alle Lebensumstände zu regieren, die versuchen, mich zu entmutigen.

Es ist sehr wichtig, dass wir über *alle* unsere Gedanken Autorität nehmen, welche in unseren Herzen aufkommen und welche nicht mit den Gesetzen, Gedanken und Wegen Gottes übereinstimmen. Hier befindet sich das hauptsächliche Schlachtfeld, auf dem der Feind versucht, unser Leben zu infiltrieren, entweder direkt in unseren eigenen Herzen (z. B. negative Einreden), oder auch mittels äußerer Situationen und Umstände, die uns versuchen bzw. herausfordern.

Herrschaft über die Schöpfung

Interessanterweise sprach Jesus zu seinen Jüngern im Zusammenhang mit der königlichen Autorität auch über die Naturelemente, über die physische Realität, und demonstrierte ihnen diese Macht auch. Als er in den Evangelien den Sturm stillte, lesen wir, dass er hinterher die Jünger wegen ihres mangelnden Glaubens ermahnte, weil sie (unter seiner Herrschaft bzw. in seinem Namen) die Autorität hatten, den Sturm zu stillen.

An einer anderen Stelle sagte Jesus zu den Jüngern:

Siehe, ich habe euch die Macht gegeben, auf Schlangen und Skorpione zu treten, und über die ganze Kraft des Feindes, und nichts soll euch schaden (Lk 10,19).

Dies ist ein Bereich, welchen viele Gläubige nicht einmal antasten, weil die irdischen Realitäten um uns her so *sichtbar* sind und – wie im Falle des Sturmes – *überwältigend* sein können. Aber wir können lernen, in diesem Bereich zu wachsen, was beinhaltet, in kleinen Glaubensschritten voranzugehen, etwa dem Wind oder dem Sturm zu gebieten, sich Gottes Herrschaft durch uns zu unterstellen. Lernen und Wachsen bedeutet nicht, dass wir immer gleich Erfolg haben, wenn wir diese Dinge üben – aber wir werden in diesem Bereich wachsen, wenn wir Autorität im Glauben praktizieren.

Selbstaufopferung im Königreich

Der „Löwe" und das „Lamm" sind im Thronraum ganz nah beieinander. In Offenbarung 5 lesen wir eine Ankündigung über den *„Löwen aus dem Stamm Juda"*, welcher würdig ist, *„das Buch zu öffnen"*. Und was sieht Johannes dann? Er sieht ein Lamm, welches geschlachtet ist und nach vorne geht, um das Buch vom Vater entgegenzunehmen. Es ist unsere *Unterordnung unter den König*, welche uns wahre Autorität und Macht als Könige in unseren eigenen Herzen gibt, und von da heraus über unsere aktuellen Lebenssituationen, über den Feind, und wenn nötig, auch über Naturgesetze.

Ich werde nie vergessen, was Kay Chance vom Dienst *ARISE* einmal sagte: „Wenn unser Feind (Satan) kommt, um uns zur Sünde zu versuchen oder uns aufgrund unserer Lebensumstände anzugreifen, reagieren wir meist falsch: Anstatt uns wie ein Löwe zu verhalten und den Feind wild entschlossen wegzujagen, legen wir uns nieder, verhalten uns passiv wie ein Lamm und erlauben ihm damit, die Autorität an sich zu reißen, die ihm nicht mehr gehört. Zu anderen Zeiten wiederum, wenn wir mit anderen Menschen zu tun haben, brüllen wir vielleicht wie ein Löwe und verletzen andere um uns herum durch unsere Worte, unser Handeln sowie unsere Einstellungen. Dabei sollten wir in diesen Situationen die liebende Natur des Opferlammes ausüben, welches immer die Erlösung für andere und unsere gute Beziehung mit ihnen sucht."

Wahre Autorität im Reich Gottes ist immer ein Ergebnis davon, dass wir bereit sind, unser Leben für andere im Dienst für Jesus Christus, unseren König, niederzulegen (vgl. die Fußwaschung in Johannes 13). Bei näherer Betrachtung von Philipper 2 erhält man ein tieferes Verständnis von der wahren Autorität des Königreiches, welche dadurch kommt, dass wir unser Leben für Gottes Pläne niederlegen.

Dies ist sicherlich keine vollständige Darstellung davon, wie man sich im Königreich Jesu Christi verhalten soll, aber ich hoffe, euch angespornt zu haben, euch mit Gott zusammenzutun, um in allen Bereichen eures Lebens in diese königliche Herrschaft hineinzuwachsen.

Aktivierungen

1. Gehe an einen ruhigen Ort, wo du alleine mit Gott bist, und richte deine Aufmerksamkeit auf die verschiedenen Charaktereigenschaften eines Löwen. Betritt im Gebet und im Glauben den Thronsaal, indem du deine Augen schließt und dir vorstellst, wie der Thronsaal gemäß Offenbarung 4 und 5 aussieht. Denke daran, dass Gott durch Jakobus sagt, wenn wir „uns ihm nahen", dann naht er sich uns. In dieser Übung geht es darum, dass wir mit unserem Geist Gott – durch Jesus als die Tür, gekleidet in seine Gerechtigkeit durch sein Blut – nahekommen. Wir können eine Antwort vom Vater erwarten. Wenn du an diesem Ort der Anbetung vor dem Thron bist, bitte den Herrn, dir einen oder mehrere Aspekte des Löwen deutlicher zu machen, oder dir zu offenbaren, was es bedeutet, die Löwennatur von Gott in dir weiterzuentwickeln. Danach schreibe in irgendeiner Form auf, was du während dieser Zeit empfangen hast. (Das kann bei jeder Person anders sein – die einen sehen Bilder oder bekommen Gedanken oder Ideen, oder sie hören, dass Gott etwas Spezifisches sagt. Bitte lehne nichts als unbedeutend ab, auch wenn du es nicht ganz verstehst – schreibe es einfach auf.) Wenn du einige dieser Dinge, die du aufschreibst, nicht verstehst, dann bitte den Herrn, dir die Bedeutung für dein persönliches Leben zu offenbaren.

2. Eine andere Übung erfordert vielleicht etwas mehr Mut, weil sie uns auf unbekanntes Terrain führt. Aber ich habe dies ausprobiert und ich kann dir aus meiner persönlichen Erfahrung sagen, dass ich durch diese Übung viel Weisung von Gott bekommen habe. Gehe wieder zum Thron, indem du die Schriftstellen von Hesekiel 1 und Offenbarung 4 und 5 als Anhaltspunkt dafür verwendest, wie es im Thronsaal „aussieht". Eine der Aktivitäten, welche kontinuierlich vor Gottes Thron geschieht, ist die Anbetung der vier lebenden Wesen (wir haben diese Stellen am Anfang dieses Buches gelesen). Du kannst nähertreten (Augen geschlossen halten

und dich im Glauben entscheiden, den Thron zu sehen). Dann trete zwischen die vier lebendigen Wesen, die in Anbetung sind. Geh dahin, wo der Löwe anbetet und stelle dich direkt neben ihn, wenn du Gott mit ihm zusammen anbetest. Bitte den Vater, dir mehr bezüglich seiner Löwennatur zu offenbaren. Du kannst auch Jesus auf dem Thron zur Rechten des Vaters anbeten und ihn bitten, dir mehr von der Löwennatur zu vermitteln. Nachdem du dies erbeten hast, beobachte, was für Bilder in deinen Gedanken auftauchen, oder was du im Herzen empfindest. Danach schreibe auf oder protokolliere, was du vom Vater erhalten hast, und stelle ihm Fragen zu dem, was du aufgeschrieben hast.

Mein persönliches Zeugnis des Löwen in mir

Meine persönlichen Erfahrungen mit dem Löwen waren unterschiedlich. Ein Beispiel ist, dass ich die obigen Übungen gemacht habe, aber dabei manchmal scheinbar nicht viele Offenbarungen bekam, während ich vor dem Thron anbetete. Jedoch gab es eine Situation, in welcher ich empfand, dass unser Feind, der Teufel, versuchte, mich zu belästigen, wenn ich arbeitete. Eines Abends ging ich, nachdem ich Zeit in der Anbetung mit dem Löwen vor dem Thron verbracht hatte, zu Bett und hatte einen Traum. Dort war ich in der genau gleichen Situation der Belästigung wie bei der Arbeit. In meinem Traum öffnete ich einfach den Mund und begann, in Autorität gegen alle Mächte der Finsternis zu brüllen, die mich in Schwierigkeiten bringen wollten. Ich wusste, dass ich im Traum in der Autorität Jesu, des Königs, als dem Löwen des Stammes Juda, wirkte, und dass ich die Autorität hatte, den Feind zu verjagen. Als ich am nächsten Tag zur Arbeit ging, hatte sich die gesamte Atmosphäre sowie die Situation verändert. Ich erkannte, dass Gott mich auf irgendeine Weise verändert hatte, damit ich in seiner Löwennatur gegen geistliche Mächte vorgehen konnte. Ich erkannte auch, dass die Situation sich zwangsläufig ändern musste, weil ich in Autorität gegen die Belästigung vorgegangen war (auch wenn es „nur" in meinem Traum war).

Ein anderes Gebiet, in welchem ich die Löwennatur ausübe, ist der Bereich der Krankheit. Wenn ich bemerke, dass Symptome aufkommen wollen, stehe ich gegen diese Symptome auf, indem ich das Wort Gottes in meinen Körper hineinbrülle und das Blut Jesu anrufe und alles, was es mir am Kreuz erworben hat, proklamiere. Ich ergreife auch Autorität über die Symptome und übe königliche Autorität über sie aus. Dies ist ein Bereich, in dem wir alle üben und wachsen können, ohne dass wir entmutigt sein müssen, wenn die Krankheit nicht gleich darauf reagiert.

Ein weiterer Bereich, den ich zum Schluss noch erwähnen möchte, ist Selbstmitleid. Wann immer ich empfinde, dass Selbstmitleid in meinen Gedanken bzw. Gefühlen aufkommt und sich Geltung verschaffen will, widerstehe ich ihm mit einem lauten Brüllen des Löwen in dem Wissen, dass der Feind versucht, mich durch Gedanken des Selbstmitleids (welche sich in Gefühle wandeln) zu entmutigen. Dies kann überall, wo negative Gedanken aufkommen, trainiert werden – wir können sie auf sehr aktive Weise „wegbrüllen".

Natürlich bin auch ich in diesen Dingen noch am Lernen, möchte aber mit euch teilen, was ich schon gelernt habe. Das bedeutet nicht, dass ich in all diesen Dingen perfekt bin, aber ich habe persönliche Siege errungen, indem ich königliche Autorität (Gottes Löwennatur) ausgeübt habe.

Wir können in allen Bereichen unseres Lebens mit Gott zusammenarbeiten, um den Charakter des Löwen auszuleben, indem wir in der Autorität seines Königreiches wandeln.

Lass uns zusammen beten:

Lieber Gott, unser Vater, wir kommen demütig vor deinen Thron und danken dir für alles, was du uns durch Jesus über deinen Charakter als Löwen offenbart hast. Wir kommen näher zu den lebendigen Wesen, die erfüllt von dir und deinem Charakter anbeten. Wir bitten dich, während wir *hier im Geist stehen, uns mehr davon zu offenbaren, wer du bist und wer Jesus ist. Schenke uns mehr von deiner Löwennatur – verändere unsere DNA, damit sie deiner immer ähnlicher wird, Vater. Wir möchten von „Herrlichkeit zu Herrlichkeit" verwandelt werden, während wir dich anbeten und anschauen. Danke, dass du uns durch den Heiligen Geist immer mehr in dein Bild verwandelst. Wir möchten **alles** empfangen, was du in uns als deinen Töchtern und Söhnen tun möchtest. Amen!*

Kapitel 4

Der Stier bzw. Ochse – Jesus als der demütige Diener
(wie im Markusevangelium dargestellt)

In diesem Evangelium sehen wir Jesus in seiner **priesterlichen Dienernatur als den sich aufopfernden Stier bzw. Ochsen**[1], wie es auf dem Banner des Stammes Ephraim zu sehen ist. So wie der Ochse als *Tier der Arbeit und des Dienens* bekannt ist, was *treuen Dienst* und *Stärke* darstellt, wird Jesus im Markusevangelium als treuer Diener dargestellt, der sich für die Bedürfnisse der Menschheit aufopfert. Aus dem Johannesevangelium wissen wir, dass Jesus nur das tat, was er den Vater tun sah, und das bedeutet, dass seine Dienerschaft ganz an Gott, seinen Vater, hingegeben war.

Im Markusevangelium ist kein Stammbaum aufgeführt. Das entspricht der wahren Situation eines Dieners oder Sklaven: Es gab seinerzeit keinen schriftlichen Stammbaum für Sklaven. Wir lesen in Philipper 2,5-8:

Diese Gesinnung sei in euch, die auch in Christus Jesus [war], der in Gestalt Gottes war und es nicht für einen Raub achtete, Gott gleich zu sein. Aber er machte sich selbst zu nichts und nahm Knechtsgestalt an, indem er den Men-

---

[1] In den Stellen in Hesekiel 1 und Offenbarung 4 steht „Stier". Wir benutzen hier abwechselnd „Stier", wenn es um das Opfertier geht, und „Ochse" (kastrierter Stier), wenn es um das Arbeitstier geht. Allerdings ist es wahrscheinlich, dass es damals unter den Israeliten keine Ochsen (kastrierte Stiere) gab, sondern dass eher Kühe als Arbeitstiere benutzt wurden.

schen gleich geworden ist, und der Gestalt nach wie ein Mensch erfunden, erniedrigte er sich selbst und wurde gehorsam bis zum Tod, ja, zum Tod am Kreuz.

Hier einige interessante Details bezüglich des Markusevangeliums, welche Jesu Dienernatur aufzeigen:

- Es gibt keine Aufzeichnungen über die Empfängnis, Geburt oder Kindheitsjahre Jesu, was das Los eines Dieners widerspiegelt.
- In Markus sehen wir Jesus in Aktion: Er dient und tut Gutes, spricht nicht viel und stellt „das perfekte Beispiel des geduldigen Dienens" dar.[2]
- Es gibt keine langen Lehren oder Ausführungen über das Königreich, wie bei Matthäus. Die Betonung liegt auf dem Dienen, und nicht auf dem Aspekt der Herrschaft oder darauf, Regeln für das Königreich zu erlassen.
- Die Gleichnisse in Markus (es gibt nur acht) haben mit dem Dienen zu tun. Ein Gleichnis, das nur in Markus vorkommt, ist das Gleichnis vom Aufwachsen der Saat (Mk 4,26-29). Der Same wird als versteckt dargestellt, was auf einen verborgenen Dienst hindeutet, der ohne öffentliche Anerkennung funktioniert.
- In Markus werden die Jünger Jesu „Begleiter"[3] genannt, und es gibt keine Aufzeichnungen darüber, dass er von ihnen Herr (griechisch: „kyrios") genannt worden wäre (keine Betonung auf Herrschaft oder Königtum).
- Die Geschichte der Gefangennahme, Kreuzigung und Auferstehung Jesu enthält keine Aufzeichnungen von Wundern oder Aussagen über Herrschaft (keine Erwähnung von Engeln bei seiner Auferstehung, kein Erdbeben usw.). Die Betonung im Markusevangelium ist auf Jesu Dienst im Leiden gerichtet.

---

[2] John Bickersteth in „The Four Faces of God".

[3] *„... und er berief zwölf,* **damit sie bei ihm seien** *und damit er sie aussende, zu predigen ..."* (Mk 3,14).

Der Ochse – Jesus als der demütige Diener

- Jesus, als der leidende Diener, wird in Markus 10,45 auf den Punkt gebracht: *„Der Sohn des Menschen ist nicht gekommen, um bedient zu werden, sondern um zu dienen, und um sein Leben zu geben als Lösegeld für viele."*
- Bei beiden Wundern, die nur im Markusevangelium beschrieben werden („der gehörlose Mann" in Kap. 7,31-37 und „der blinde Mann" in Kap. 8,22-26), spielt Jesus seine Rolle herunter, indem er von den Geheilten verlangt, *„dass sie niemandem etwas davon sagen sollen"* (7,33.36) und dass sie *„nicht einmal in die Stadt gehen sollen"* (8,26). Nur im Markusevangelium steht in Kapitel 7,24, dass Jesus *„in ein Haus ging und nicht wollte, dass irgendjemand erfuhr, dass er dort sei"*.

Der Ochse hat auch viele Eigenschaften, die das Wesen Gottes widerspiegeln, das in Jesus Christus dargestellt wird. Der Ochse ist ein häusliches Tier, das seinem Meister total ergeben ist. Er hinterfragt nicht, was der Meister möchte, sondern beugt sich treu unter das Joch, das auf ihn gelegt wird, und spiegelt damit Gehorsam und treuen Dienst wider. Seinem Meister untergeordnet zu sein, beinhaltet auch das Vertrauen in diesen (seinen Vater im Himmel), dass man von ihm versorgt und ernährt wird.

Der Stier war das Tier, das in der Stiftshütte (und später im Tempel) als Opfer verwandt wurde – was Leiden und Dienst bis zum Tod widerspiegelt. Ein Aspekt des Ochsen beinhaltet seine Verwendung für das Pflügen und Dreschen des Getreides (wichtig für die Nahrungsproduktion).

Eine ausführliche Studie all der Eigenschaften eines Stiers bzw. Ochsen kann durch den Leser gerne weitergeführt werden. Zusammengefasst lässt sich sagen: Er steht für *treue Dienerschaft*, die *unter dem Joch des Meisters* (also gemeinsam mit ihm) geschieht. Auch steht er für *das Blutopfer, um für die Sünden zu bezahlen*.

So wie wir den Löwen auf dem Banner des Stammes Juda im Osten der Stiftshütte gesehen haben, sehen wir das Bild des Stiers bzw. Ochsen auf dem Banner des Stammes Ephraim, der im Westen der Stiftshütte in der Wüste lagerte und Demut darstellt – am weitesten vom Eingang der Stiftshütte und des Allerheiligsten entfernt.

Eigenschaften von Jesus als Stier bzw. Ochse

Demut

Im Brief an die Philipper beschreibt Paulus die Demut Jesu:

> *Habt diese Gesinnung in euch, die auch in Christus Jesus war, der in Gestalt Gottes war und es nicht für einen Raub hielt, Gott gleich zu sein. Aber er machte sich selbst zu nichts und nahm Knechtsgestalt an, indem er den Menschen gleich geworden ist, und der Gestalt nach wie ein Mensch befunden, erniedrigte er sich selbst und wurde gehorsam bis zum Tod, ja, zum Tod am Kreuz* (Phil 2,5-8).

Ein Ochse unterstellt sich demütig dem Joch. Demut ist nicht nur eine wichtige menschliche Tugend, sondern das wahre Wesen des allmächtigen Gottes, das Jesus, als das „Bild des Vaters", widerspiegelt. Wahre Demut bedeutet, *zu wissen, wer man ist,* und *freiwillig den niedrigen Platz einzunehmen.* Sie ist eigentlich *ein Ort der Ruhe* und eng mit Liebe verbunden – in Beziehung zu sein, ist ihr wichtiger, als sich selbst zu erheben. Jesus wusste, wer er auf dieser Erde als Mensch war und musste es nicht ständig beweisen. Er konnte in seiner Identität als Sohn des Vaters ruhen und stellte sich unter Gottes Joch, um zu dienen und die Versöhnung zwischen Gott und Mensch zu vollenden.

Geduldige Treue

Treue und Geduld gehören ebenfalls untrennbar zusammen. Wie ein Ochse, der treu den Boden pflügt, mit seiner „Nase am Boden", *„demütigte Jesus sich bis zum Tod, sogar bis zum Tod am Kreuz".* Er war treu bis zum Ende, als er ausrief: *„Es* *ist vollbracht!"* („Es ist vollkommen erfüllt.") Die erste Beschreibung von Jesus, die uns in Offenbarung 1,5 gegeben wird, lautet: *„Der treue Zeuge."* In Römer 15,5 sehen wir den Titel *„der Gott der Geduld"* (LUT) bzw. *„der Gott des Ausharrens"* (ELB). Jesus war das vollständige Abbild des Vaters, während er als Mensch auf dieser Erde wandelte. In Hebräer 3,1-2 lesen wir von Jesus:

> *Betrachtet den Apostel und Hohenpriester unseres Bekenntnisses, Jesus, der treu ist dem, er ihn dazu gemacht hat.*

In Hebräer 12,1-2 heißt es zudem:

> *Lasst uns mit Ausdauer laufen den vor uns liegenden Wettlauf, indem wir hinschauen auf Jesus, den Anfänger und Vollender des Glaubens, der um der vor ihm liegenden Freude willen die Schande nicht achtete und das Kreuz erduldete und sich gesetzt hat zur Rechten des Thrones Gottes.*

Gehorsam

Jesus war dem Willen des Vaters immer gehorsam. Er tat nur das, was der Vater ihm auftrug. Er beschwerte sich nie oder stellte die Dinge, die er tun sollte, in Frage. Wie wir im nächsten Kapitel (über das Lukasevangelium) sehen werden, erfüllte Jesus alles, was er laut seinem Buch im Himmel erfüllen sollte (vgl. Ps 40,7; Hebr 10,7).

Wie wir schon gesehen haben, steht in Philipper 2,8, dass Jesus *„sich selbst demütigte und gehorsam wurde bis zum Tod, ja, zum Tod am Kreuz."*

Bei Markus sehen wir, dass Jesus oft „sofort" zu dienen begann, wenn er gebraucht wurde. Dies zeigt einen vollständigen Gehorsam, der reagiert, sobald der Heilige Geist sich bewegt.

Ruhige Stärke

Jesus Christus ist (in seiner „Dienernatur") das Abbild des Vaters, voller ruhiger Stärke und Stabilität. Jesus war in seinen

Reaktionen nie unkontrolliert – er ruhte im Vater. Er unterwarf sich völlig und zeigte seine Stärke, sobald der Heilige Geist ihn bewegte.

Gebraucht, um die Saat zu säen

Eine besondere Betonung im Leben Jesu, wie es uns im Markusevangelium aufgezeigt wird, liegt darauf, dass der Ochse gebraucht wird, um Samen in die Erde zu säen, um eine Ernte zu bekommen. Jesus wurde wie ein Same ausgesät, um dem Vater eine Seelenernte als seine Familie einzubringen. (Die Betonung der Gleichnisse über die Saat in Kapitel 4 ist hier interessant). Jesus sagte in Johannes 12,24:

Wahrlich, wahrlich, wenn das Weizenkorn nicht in die Erde fällt und stirbt, bleibt es allein; wenn es aber stirbt, bringt es viel Frucht.

Er sprach hier von seinem eigenen Körper, welcher geopfert werden würde, um die Seelenernte für das Königreich und seinen Vater im Himmel hervorzubringen.

Wenn der Ochse unter dem Joch ist, muss er den Boden pflügen. Es reicht nicht aus, dass er das Joch einfach nur trägt, sondern er muss damit aktiv den Boden pflügen, der ihm zur Bearbeitung gegeben wird. Dazu ist es erforderlich, den Kurs beizubehalten und nicht von dem Weg abzuweichen, den sein Herr ihm aufgezeigt hat. Das Ergebnis ist eine Vermehrung des Samens in der nächsten Ernte.

Das Blutopfer

Alle Blutopfer des mosaischen Bundes spiegeln Jesu Blutopfer wider, wie es uns im Neuen Testament erklärt wird, insbesondere im Brief an die Hebräer. Der Stier stellt das volle Maß des Opfers dar, das Gott für unsere volle Erlösung erbracht hat. Wie schon erwähnt, lesen wir in Philipper, dass Jesus „*gehorsam bis zum Tod, sogar bis zum Tod am Kreuz*" war (Phil 2,8).

Aktivierung

Erneut knüpfen wir an die Übung an, bei welcher wir lernen können, unsere Augen auf Jesus zu richten: Wir schließen unsere Augen und denken über alle Eigenschaften Jesu nach, die er mit einem Stier bzw. Ochsen gemeinsam hat, und beten ihn darüber an.

Ich mache es normalerweise so, dass ich meine Augen schließe und meine Gedanken (Vorstellungskraft) auf eine offene Tür in den Thronsaal Gottes richte. Ich tue das in dem Bewusstsein, dass Jesus die Tür zur Gegenwart des Vaters ist. In meinen Gedanken gehe ich dann auf den Thron Gottes zu, wo Jesus zur Rechten Gottes des Vaters sitzt. Ich nähere mich dem Thron in dem Wissen, dass dies nur durch die Gerechtigkeit möglich ist, die Jesus mir durch sein Blut am Kreuz, an dem er gestorben ist, erworben hat.

Ich richte meine inneren Augen auf die linke Seite von Gottes Thron und beginne damit, Jesus, den Gott-Menschen, anzubeten, welcher das vollkommene Beispiel für treues Dienen und Demut ist. Er allein ist mein Herr, der sein Blut am Kreuz vergossen hat, um die ganze Erlösung in mein Leben, aber auch in das Königreich Gottes zu bringen.

Ich denke über ihn nach und bete ihn an für alles, was sein Wort mir über seine Dienerschaft und sein Opfer am Kreuz sagt. Ich stelle mir verschiedene Situationen der Evangelien vor, die seine Bereitschaft zu dienen veranschaulichen. Ich bete auch den Vater auf dem Thron an, der mit Jesus völlig eins ist, was die Charaktereigenschaften des Stiers bzw. Ochsen angeht.

Wenn du auf diese Weise einige Zeit in der Anbetung verbracht hast, kannst du wieder „herauskommen" und deine Gedanken, Impulse oder Erfahrungen, die du dabei hattest, aufschreiben. Es ist auch wichtig, „kleine" Eindrücke und Gefühle zu notieren, weil sie der Ausgangspunkt für weitere Offenbarungen und tiefere Intimität mit Gott-Vater und dem Herrn Jesus in seiner Dienerschaft und Demut sein können.

Diese Übung selbst ist aufgrund der Offenbarung, die du von Gott bekommen kannst, ebenfalls ein Ausgangspunkt für eine vermehrte Anbetung – je mehr wir ihn erkennen, desto mehr lieben und verehren wir ihn in allem, was er uns über sich offenbart hat.

Anmerkung: Es ist wichtig, das Wort nicht nur verstandesmäßig zu studieren, sondern, basierend auf dem, was du aus seinem geschriebenen Wort gelernt hast, auch Erfahrungen mit Gott (Vater, Sohn und Heiliger Geist) zu machen.

Kapitel 5

Der Stier bzw. Ochse – unsere Dienerschaft in Christus

Wie ich in den ersten Kapiteln schon erwähnt habe, können und sollten wir als Söhne und Töchter Gottes in *alle* Aspekte von Jesu Christus hineinwachsen. Das bedeutet, dass wir reife Söhne und Töchter unseres Vaters im Himmel werden.

Was ist damit gemeint, in die „Diener-Natur" Gottes, unseres Vaters, in Jesus Christus hineinzuwachsen? Wie wird dieser Charakterzug des Vaters auf dieser Erde in uns als reifen Söhnen und Töchtern sichtbar? Können wir dies aus eigener Kraft und Mühe vollbringen? **Nein!** Gott allein kann unsere Herzen verändern und umgestalten, wenn wir Zeit mit ihm verbringen und uns dem Heiligen Geist unterstellen, der uns gegeben worden ist, um uns in allen Dingen zu leiten. Indem wir die Schönheit Jesu betrachten, werden wir verändert „von Herrlichkeit zu Herrlichkeit".

Der Stier bzw. Ochse in uns

Demut

Wenn wir den Abschnitt in Philipper 2 nochmals lesen, sehen wir, dass Paulus Jesus dort als den „Ochsen"-Diener Gottes beschreibt, um die Gläubigen zu motivieren, in diesen Aspekt Jesu als den vollkommenen Diener und das vollkommene Opfer für Gott (vgl. Phil 2,5-8) hineinzuwachsen. Paulus fordert uns auf, dass wir *„dieselbe Gesinnung haben, welche in*

Christus Jesus war" (vgl. V. 5). In den Versen 12 und 13 sehen wir, dass wir in einer Partnerschaft mit Gott sind, damit Christi Gesinnung in uns durch Gottes Kraft zunimmt, wenn wir uns unter sein Joch begeben.

Geduldige Treue

Geduldig und treu zu sein, ist nicht gerade der begeisterndste Aspekt der Nachfolge Jesu – das sollten wir zugeben! Oft lesen wir in den Briefen der Apostel, dass Geduld gelernt wird. Das heißt, wir gehen durch Erfahrungen hindurch, die uns Geduld lehren und uns dazu herausfordern auszuharren, ungeachtet dessen, was wir über unsere Lebenssituation empfinden.

In Jakobus 1,3 (LUT) heißt es: *„Die Ausdauer unseres Glaubens bringt Geduld ...",* und zwar im Zusammenhang mit Versuchung. Unser Glaube wird „versucht", sodass daraus *bewährter* Glaube wird. Jesus selbst hat Versuchungen erlebt, genau wie jeder andere Mensch, der auf dieser Erde geboren wird, auch (vgl. Hebr 2,17-18).

Als Nachfolger des Herrn Jesus Christus können wir erwarten, dass der Heilige Geist uns zur Reife bringt, indem er Lebenssituationen zulässt, in denen wir Geduld und Treue lernen.

Das Joch Christi – Gehorsam (Hingabe)

Jesus bietet uns an, „sein Joch" auf uns zu nehmen (Mt 11,29-30). Wir haben also die Wahl, unter das Joch Jesu zu kommen und „von ihm zu lernen". Interessanterweise sagt Jesus, dass es ein Joch der „Ruhe für unsere Seelen" ist, wenn wir zusammen mit ihm unter das (göttliche) Joch gehen. Wir lernen, uns Gott unterzuordnen, indem wir uns in allen Dingen unseres Lebens unter seine Autorität stellen. Paulus hat uns dies vorgelebt, indem er sich entschieden hat, ein „Knecht" (Sklave) des Herrn Jesus Christus zu sein, wie er es an verschiedenen Stellen seiner Briefe erwähnt.

In biblischen Zeiten hatte das Joch für die Juden eine besondere Bedeutung. Jesus verwendete gerade diese Darstellung von Jüngerschaft, weil dies genau illustrierte, was es bedeutet, unter seiner Herrschaft zu sein. Wenn ein junger Ochse für das Joch trainiert wurde, wurde er immer neben einem erfahrenen, trainierten Ochse unter das Joch gestellt, welcher schon gelernt hatte, sich unterzuordnen und das Werk des Meisters zu tun. Am Anfang ging der junge Ochse neben dem älteren Ochsen her. Nach einiger Zeit aber versuchte er, seine eigenen Wege zu gehen. Weil der junge Ochse mit dem älteren Ochsen unter einem Joch zusammengeschirrt war, wurde er in der Spur gehalten und lernte Durchhaltevermögen und Treue. Wenn er versuchte auszubrechen, pflügte der ältere Ochse einfach weiter, und der jüngere Ochse wurde mitgezogen.

Dies ist ein Bild dafür, wie wir mit Jesus Christus als unserem älteren Bruder unter einem Joch verbunden sind. Wenn wir uns entscheiden, uns unter sein Joch und seine Herrschaft zu stellen, treffen wir die Entscheidung, in *treuer Dienerschaft und Demut* trainiert zu werden und *unsere eigenen Pläne aufzugeben.* Wenn wir lernen, neben ihm zu gehen, haben wir Ruhe für unsere Seelen, weil wir nicht gegen seinen Willen gehen und auch die Last nicht alleine tragen. Jesus arbeitet mit uns zusammen (wie ein starker Ochse dem jüngeren Ochsen hilft), und wir sind nicht überwältigt von der Arbeit, weil er den größeren Teil der Last trägt. Durch sein Training nehmen wir an Stärke in ihm zu.

Interessanterweise stellte in Jesu Zeiten das „Joch des Rabbi" (Jesus war ein anerkannter Lehrer der Thora) die Auslegungen und Regeln dar, welche die Schriftgelehrten von der Thora (die ersten fünf Bücher Mose) praktizieren. Die „Last" des Jochs wurde dadurch definiert, wie mild oder streng das Joch auf das Leben der Jünger angewandt wurde. Aber zu dem Joch gehörte nicht nur, das Wort Gottes zu kennen und auszulegen, sondern auch, wie es *praktisch gelebt wurde.* Mit einem Rabbi unter einem Joch zu sein, hatte zum Ziel, jene Dinge zu tun, welche ein Rabbi tat. Das hilft uns, die Aussage in 1. Johannes 2,6 besser zu verstehen:

Wer sagt, dass er in ihm bleibe, ist schuldig, selbst auch so zu wandeln, wie er gewandelt ist.

Was Johannes uns meiner Meinung nach damit sagen will, ist: „Wenn du dich dazu entschieden hast, dich mit Jesus unter ein gemeinsames Joch zu stellen, solltest du dieselben Dinge tun, die er getan hat."

Ruhige Kraft

Wirklich tröstlich ist – und das wird sowohl von Jesus als auch den Aposteln in ihren Briefen wiederholt ausgedrückt –, dass wir Christus nicht in unserer eigenen Kraft folgen können (und brauchen). Das Unterjochen *zusammen mit Christus* bedeutet, dass **er** die Kraft an unserer Seite ist. Der Schlüssel zu wahrer Dienerschaft ist, dass **er** die wahre Dienernatur in uns entwickelt, wenn wir eine intime Beziehung mit ihm pflegen und uns seiner Herrschaft unterstellen. So, wie der Ochse unter dem Joch trainiert wird, erleben wir, dass sich in uns eine zunehmende Ruhe und Stärke entwickelt. Wir werden verändert (verwandelt) in das Bild Jesu Christi, während wir Seite an Seite mit ihm den Weg Gottes gehen.

Wir lesen in Römer 12,1, dass wir „uns als lebendiges Opfer hingeben" und „verwandelt" werden sollen. (Wir sollen uns nicht selbst verwandeln – **er** tut es.) In Philipper 2,13 lesen wir die tröstliche und stärkende Wahrheit:

Denn Gott ist es, der in euch wirkt, sowohl das Wollen als auch das Wirken zu (seinem) Wohlgefallen.

Wir haben alle Macht des Himmels an unserer Seite, wenn wir uns unter das Joch Jesu Christi stellen.

Gebraucht, um die Saat zu säen

Ein Teil des „Ochsen-Weges" ist es, den „unteren Weg" zu wählen – sich dazu zu entscheiden, Zeit und Kraft zu investieren, um zum einen in andere zu säen und zum anderen

„Getreide" (geistliche Nahrung) bereitzustellen, welches für andere gebraucht wird (Treue und Dienst auf eigene Kosten).

Dies ist der wahre Test für einen reifen „Ochsen-Gläubigen": täglich die Entscheidung zu treffen, sich in andere zu investieren und sie mit wahrer, geistlicher Nahrung zu stärken (sowohl, was das Wort Gottes als auch das Wirken des Heiligen Geistes angeht). Es ist ein *unterer* Weg, den du leicht meiden kannst, wenn du dich dafür entscheidest, dich *nicht* in andere zu investieren, um sie zur Reife zu führen.

Eine meiner Mentorinnen, Paula MinGucci, sagt gerne: „The door is in the floor" („Die Tür ist der Boden"). Sie bezieht sich damit auf die Entscheidung, *den unteren Weg zu gehen*, um anderen zu dienen.

Wie schon bei dem Gesicht des Löwen, gilt auch hier: Dies ist keine in sich geschlossene Studie der „Ochsennatur" Gottes, welche sich in seinem Sohn, Jesus Christus, offenbart. Ich ermutige dich, Gott zu suchen, um noch besser zu verstehen, was es bedeutet, in der „Ochsennatur" unseres Herrn Jesus reifer zu werden. Er wird treu sein und dir mehr und mehr offenbaren, *wer* er ist.

Meine persönliche Erfahrung mit dem Stier bzw. Ochsen

Meine persönlichen Erfahrungen mit dem Stier bzw. Ochsen waren sehr lebensverändernd. Die erste hatte ich, als ich einmal während des Frühstücks die weiter oben beschriebene geistliche Thronraum-Übung machte. Ich stand im Geist im Thronraum zwischen den vier lebenden Wesen und betete Gott an. Dabei fragte ich den Vater: „Welche Aspekte deiner Person sind für mich *gerade jetzt* wichtig? Was ist momentan für mich persönlich auf deinem Herzen?" Dann wartete ich und „schaute" mit meinen inneren Augen und ich konnte nur den **Stier** und den **Menschen** sehen.

Ich fragte den Herrn im Gebet, was das bedeutete. Daraufhin gab er mir seine Gedanken über meine aktuelle Lebenssituation. Er sagte: „Jetzt ist es für dich wichtig zu lernen, *treu zu dienen* und *ein Mensch zu sein* in deiner Beziehung zu anderen."

Zu der Zeit gab es verschiedene Familienangelegenheiten, die ich wirklich als schwierig empfand, und ich versuchte, im Gebet Dinge zu proklamieren (der Löwe = Autorität nehmen) und auch wie ein Adler über der Situation zu fliegen (Entscheidung zu überwinden). Diese beiden Bereiche – der Löwe und der Adler – waren in meinem geistlichen Leben weiterentwickelt als die anderen „Gesichter", und ich fühlte mich wohler, mich geistlich in diesen Bereichen zu bewegen. Ich glaube, dass der Vater mich trainieren wollte, anderen praktisch zu dienen. Gott wollte meine Dienernatur dadurch entwickeln, dass ich einfach für andere da war. Ich sollte anderen durch Taten der Freundlichkeit die Liebe Christi zeigen – ohne viel geistlich zu reden oder zu lehren.

Seit mehreren Jahren wachse ich nun schon darin, die Dienernatur gegenüber anderen zu praktizieren, und die Folge war, dass ich Offenheit „geerntet" habe. Viele Menschen sind jetzt aufgeschlossener dafür, geistliche Impulse von mir zu empfangen, weil ich bereit war, ihnen praktisch zu dienen. Ich habe Zeit (und manchmal auch Geld) geopfert (gesät), um ihre Seelen zu ernten. Dies ist aktuell ein großes Thema in der Gemeinde: einen (praktischen) christlichen Lebensstil zu lernen. Wie wir an den anderen „Gesichtern Gottes" sehen können, ist das nicht die einzige Betonung von Gottes Charakter, aber es ist eine, die nicht immer wertgeschätzt wird, weil sie ein „niedriger Ort" des Dienens ist.

Ich stehe noch immer in diesem Lernprozess, aber ich möchte weitergeben, was ich schon gelernt habe. Ich kann sagen, dass die Last leicht war, weil es das ist, was Jesus für andere Menschen sein will – ein Diener von allen. Wie Paulus sagt: *„Nicht dass ich es schon ergriffen hätte, aber ich eile vorwärts für die hohe Berufung Gottes in Christus Jesus"* (Phil 4,13). Jesus sagte seinen Jüngern in Johannes 4,34: *„Mein Brot ist, den Willen dessen zu tun, der mich gesandt hat, und sein Werk zu vollenden."*

Aktivierung

1. Gehe an einen ruhigen Ort, wo du alleine mit Gott bist, und richte deine Aufmerksamkeit auf die verschiedenen Charaktereigenschaften eines Stiers bzw. Ochsen. Betrete im Gebet und im Glauben den Thronsaal, indem du deine Augen schließt und dir vorstellst, wie der Thronsaal gemäß Offenbarung 4 und 5 aussieht. Denke daran, dass Gott durch Jakobus sagt, wenn wir „uns ihm nahen", dann naht er sich uns. In dieser Übung geht es darum, dass wir mit unserem Geist Gott nahekommen, und zwar durch Jesus als die Tür und gekleidet in seine Gerechtigkeit durch sein Blut. Wir dürfen dann eine Antwort vom Vater erwarten.

   Wenn du an diesem Ort der Anbetung vor dem Thron bist, bitte den Herrn, dir einen oder mehrere Aspekte des Stiers bzw. Ochsen deutlicher zu machen, oder dir zu offenbaren, was es bedeutet, die Dienernatur von Gott in dir weiterzuentwickeln. Danach schreibe in irgendeiner Form auf, was du während dieser Zeit empfangen hast. (Das kann bei jeder Person anders sein – manche sehen Bilder, manche bekommen Gedanken oder Ideen und andere hören, dass Gott etwas Spezifisches sagt. Bitte lehne nichts als unbedeutend ab, auch wenn du es nicht ganz verstehst – schreibe es einfach auf.) Wenn du einige dieser Dinge, die du aufschreibst, nicht verstehst, dann bitte den Herrn, dir die Bedeutung für dein persönliches Leben zu offenbaren.

2. Die gleiche Übung wie beim Löwen kann auch für die anderen Gesichter verwendet werden. Sie erfordert, wie gesagt, vielleicht etwas mehr Mut, weil sie uns auf unbekanntes Terrain führt. Aber ich habe dies ausprobiert und kann dir aus meiner persönlichen Erfahrung sagen, dass ich durch diese Übung viel Weisung von Gott bekommen habe.

   Gehe wieder zum Thron, indem du die Schriftstellen von Hesekiel 1 und Offenbarung 4 und 5 als Anhaltspunkt dafür verwendest, wie es im Thronsaal „aussieht". Eines der Dinge, die kontinuierlich vor Gottes Thron geschehen, ist die

Anbetung der vier lebenden Wesen (wir haben diese Stellen am Anfang dieses Buches gelesen). Du kannst nähertreten (Augen geschlossen halten und dich im Glauben entscheiden, den Thron zu sehen). Dann trete zwischen die vier lebendigen Wesen, die in Anbetung sind. Geh dahin, wo der Stier bzw. Ochse anbetet und stelle dich direkt neben ihn, wenn du mit ihm zusammen Gott anbetest. Bitte den Vater, dir mehr bezüglich seiner Dienernatur zu offenbaren. Du kannst auch Jesus auf dem Thron zur Rechten des Vaters anbeten und ihn bitten, dir mehr von der Dienernatur zu schenken. Nachdem du dies erbeten hast, beobachte, was für Bilder vor deinen inneren Augen auftauchen, oder was du im Herzen empfindest. Danach schreibe auf oder protokolliere, was du vom Vater erhalten hast, und stelle ihm Fragen dazu.

3. Noch eine Übung, die für mich ebenfalls hilfreich war: Gehe wieder vor den Thron wie oben beschrieben. Du kannst dich nähern (Augen geschlossen und im Glauben entscheiden, den Thronraum zu sehen) und von dem Ort zwischen den vier Wesen mit den vier Gesichtern aus den Vater anbeten. Während du das tust, bittest du den Vater, dir klarzumachen, was für dich *momentan* wichtig ist – welchen Aspekt von ihm du derzeit weiterentwickeln sollst. Du kannst auch ganz spezifisch auf eine Lebenssituation eingehen und ihn fragen, was da gebraucht wird. Dann achte darauf, welche Bilder in deinen Gedanken aufkommen, oder was du in deinem Herzen empfindest. Danach schreibe auf oder protokolliere, was du vom Vater bekommen hast.

4. Die nächste Übung ist eher intellektueller Natur und sollte in Zusammenarbeit mit dem Heiligen Geist gemacht werden. Nimm verschiedene Abschnitte aus Matthäus und Markus und beachte den Unterschied, wie Jesus in folgenden Situationen dargestellt wird:

- Matthäus 8,2 und Markus 1,40: Heilung der Aussätzigen
- Matthäus 8,25 und Markus 4,39: Stillung des Sturmes

- Matthäus 6,22 und Markus 14,19: Letztes Abendmahl

  Dies wird dir den Unterschied in den zwei Charakterzügen des Löwen (Matthäus) und des Stiers bzw. Ochsen (Markus) bewusster machen. Jesus ist *beides*, und er wusste genau, wie er das Wesen des Vaters in der jeweiligen Situation widerspiegeln sollte.

5. Diese Übung ist ein Akt deines Willens. Ich habe mir dazu das Bild eines Ochsenjoches besorgt und einen Akt der Hingabe vollzogen, indem ich mich mit dem Bild niedergekniet und bewusst unter das Joch Jesu gestellt habe. Wenn du das tust, gibst du dem Herrn die Erlaubnis, dich zu führen, und du setzt dein Vertrauen in seine Weisheit und Stärke, mit dir in allen Situationen weiterzugehen. Du unterstellst dich damit auch seiner Herrschaft.

Lass uns zusammen beten:

Lieber Vater-Gott, wir kommen demütig vor deinen Thron und danken dir für alles, was du uns von deinem Charakter durch Jesus als den Stier bzw. Ochsen offenbart hast. Wir kommen nahe zu dir, dorthin, wo die lebendigen Wesen, die voll deines Lebens und Charakters sind, anbeten. Wir bitten dich, Vater, dass du dich uns offenbarst, während wir im Geist hier stehen, und uns mehr davon zeigst, wer Jesus ist. Lass uns mehr von deiner Dienernatur empfangen. Ändere unsere DNA, damit wir deinem Wesen immer ähnlicher werden, Vater. Wir möchten „von Herrlichkeit zu Herrlichkeit" verwandelt werden, während wir anbeten und dich anschauen. Danke, dass du uns durch deinen Heiligen Geist immer mehr in dein Bild umgestaltest. Wir möchten alles empfangen, was du in uns als deinen Söhnen und Töchtern tun willst. Amen!

Kapitel 6

Der Mensch – Jesus, der Menschensohn
(der perfekte Mensch,
wie er im Lukasevangelium dargestellt wird)

Im Evangelium von Lukas sehen wir die Betonung auf Jesu menschlicher Natur, mit allen Versuchungen, Kämpfen und Emotionen eines normalen Menschen, jedoch ohne Sünde. Jesus wird im Lukas-Evangelium als ein vollkommener Mensch dargestellt, der den vollkommenen Willen des Vaters tut, aber das Leben in allen Facetten als Mensch auf Erden erfährt. Er wurde von einer Frau geboren, musste zur Reife heranwachsen und wurde in allen Dingen versucht.

Daher musste er in allem den Brüdern gleich werden, damit er barmherzig und ein treuer Hoherpriester vor Gott werde, um die Sünden des Volkes zu sühnen; denn worin er selbst gelitten hat, als er versucht worden ist, kann er denen helfen, die versucht werden (Hebr 2,17-18).

Durch seine Prüfungen und Versuchungen in diesem menschlichen Leben erwies er sich als würdig, der „Hohepriester" der Menschheit vor dem Thron Gottes zu sein *„für immer lebend, um für uns Fürbitte zu tun"* (Heb 7,25). Wir sehen Jesus in diesem Evangelium als Freund der Sünder und voller Barmherzigkeit.

Als Mensch musste Jesus alles erfüllen, was sein Vater mit ihm auf der Erde vorhatte. Er war nicht nur allen persönlichen Konflikten und Gefühlen eines menschlichen Wesens ausgesetzt, sondern musste sich auch dafür entscheiden, dem Willen des Vaters unter der Kraft des Heiligen Geistes unter allen Umständen zu folgen. Wir lesen in Philipper 2, dass Jesus *„in der Gestalt Gottes war und es nicht wie einen Raub festhielt, Gott gleich zu sein, sondern er entäußerte sich selbst, nahm die Gestalt eines Dieners an und wurde wie die Menschen."*

Im Lukasevangelium geht die Angabe des Stammbaums zurück bis zu Adam, dem ersten Menschen, was die Betonung auf Jesus als Mensch aufzeigt. Es gibt viele Informationen im Lukasevangelium, welche in den anderen Evangelien nicht vorkommen, wie z. B. die Tatsache, dass Jesus zurück nach Nazareth ging und sich seinen irdischen Eltern unterstellte, nachdem er mit zwölf Jahren im Tempel von Jerusalem erkannt hatte, dass sein wahrer Vater Gott im Himmel ist. Es ist das einzige Evangelium, welches erwähnt, dass Jesus und Johannes der Täufer verwandt waren. Wir finden viele menschliche Situationen mit allerlei Einzelheiten aus Jesu täglichem, irdischen Leben, die nur im Lukasevangelium berichtet werden.

Es ist wichtig zu sehen, dass die hebräische Bezeichnung „Messias" dem griechischen Begriff „Christus" entspricht, die beide „der Gesalbte" bedeuten. Alle Prophetien über Jesus als Messias haben mit Gottes Plan zu tun, dass der vollkommene Mensch den vollkommenen Tod stirbt, um als der „letzte Adam" die ganze Menschheit zu erlösen (vgl. Röm 5,15 u. 1 Kor 15,22). Dies führte dazu, dass Jesus der gültige und legitime Herrscher über die Menschheit bzw. die Welt wurde. Jesus als der „vollkommene Mensch" erfüllte alles, was in „dem Buch im Himmel" über sein Leben geschrieben war.

Da sprach ich: „Siehe, ich komme; in der Rolle des Buches steht über mich geschrieben. Dein Wohlgefallen zu tun, mein Gott, liebe ich; und dein Gesetz ist tief in meinem Innern" (Ps 40,8-9).

Da sprach ich: „Siehe, ich komme – in der Buchrolle steht von mir geschrieben –, um deinen Willen, o Gott, zu tun" (Hebr 10,7).

Einige interessante Einzelheiten bezüglich des Evangeliums von Lukas, welche Jesu Natur als *Mensch* zeigen:

- Der Stammbaum geht zurück bis zu Adam, dem ersten Menschen.
- In Lukas zeigt Jesus ständig seine Menschlichkeit und bezeichnet sich immer wieder als den „Menschensohn". Dies war nicht nur ein Hinweis auf seine messianische Berufung (die Juden wussten, was dieses Wort hinsichtlich des kommenden Retters bedeutete), sondern auch auf den wahrhaft menschlichen Aspekt seiner Person.
- Die meisten Lehren oder Gleichnisse im Lukasevangelium handeln über „einen bestimmten Menschen", im Unterschied zu den Gleichnissen in Matthäus, wo Jesus über „einen König", „einen Besitzer" oder „einen Meister" erzählt.
- Bei Lukas geht es in den Gleichnissen um normale Menschen und ihre täglichen Aktivitäten und Haltungen z. B. gegenüber Geld, Besitz, Vergebung, Schulden, Freude oder Selbstbezogenheit. Es gibt keine langen Lehren oder Ausführungen über das Königreich, wie es bei Matthäus der Fall ist. Die Betonung liegt auf Dienst und Gehorsam, und nicht auf Herrschaft und Bestimmungen des Königreichs.
- In Lukas wird Jesus als der „große Arzt" und „Freund der Sünder" dargestellt, der Menschen dort trifft, wo sie sind, und sie liebt, wie sie sind, um ihr Leben zu verändern.
- In Lukas 22,42-44 können wir Jesus sehr gut als den vollkommenen Menschen erkennen, der auch Kämpfe in Bezug auf den perfekten Willen seines Vaters hatte, sich aber seinem Willen vollständig unterstellte – bis zum Tod. Um John Bickersteth zu zitieren: „Bei Lukas ist das Kreuz der Ort, wo der Gesalbte seine Bestimmung erfüllt, indem er Ablehnung, Leiden und Tod erfährt und akzeptiert."

Es gibt natürlich noch vieles mehr, was man im Lukasevangelium darüber finden kann, was Jesus als den *vollkommenen Menschen* zeigt, der den vollkommenen Willen des Vaters tut. Dies wird in dem Gesicht des Menschen der vier lebenden Wesen dargestellt, welche wir vor dem Thron Gottes in Hesekiel und in der Offenbarung sehen. Gott wurde Mensch, um sich ganz mit seiner menschlichen Schöpfung zu identifizieren und sie wieder für sich zurückzugewinnen.

Während die Israeliten in der Wüste waren, wurde das Symbol des Menschen auf dem Banner des Stammes Ruben im Süden der Stiftshütte aufgerichtet. Dieser südliche Platz ist ein Bild für Jesu Erniedrigung als Mensch.

Ruben war der „Erstgeborene" der Söhne Jakobs (Israel) und ist ein Bild für Jesus als den „Erstgeborenen" der neuen Schöpfung. Es stellt auch Jesus in seiner menschlichen Natur dar.

Eigenschaften von Jesus als Mensch

Barmherzigkeit

Barmherzigkeit bzw. Erbarmen ist eine der herausragendsten Eigenschaften einer Person unter der Kraft des Heiligen Geistes (der „Gottes Liebe in unsere Herzen ausgegossen hat" – Römer 5,5). Sein herzliches Erbarmen war der Antrieb, um Wunder zu tun, Leben zu verändern, anderen zu vergeben und immer die Bedürfnisse anderer über seine eigenen zu stellen.

„**Barmherzigkeit**" ist auch ein Schlüsselwort im Buch Lukas – Jesus diente und heilte, wenn er „von Barmherzigkeit bewegt" war. Dies wäre für sich alleine schon eine genauere Untersuchung wert.

Identität

Jesus wusste (spätestens im Alter von zwölf) genau, *wer* er war – der Sohn des himmlischen Vaters. Als seine Familie zum Fest nach Jerusalem ging, blieb er im Tempel zurück und trat die Rückreise mit den Eltern nicht an. Sie gingen, nachdem sie ihn vergeblich gesucht hatten, nach Jerusalem zurück und fanden ihn schließlich im Tempel, wo er mit den Schriftgelehrten sprach und Lehrinhalte aus den Schriften diskutierte. Als seine Eltern fragten, warum er nicht mit auf die Heimreise gekommen sei, sprach er die bekannten Worte:

Was ist es, dass ihr mich gesucht habt? Wusstet ihr nicht, dass ich in dem sein muss, was meines Vaters ist? (Lk 2,49).

Diese Herzenserkenntnis gab ihm die Kraft, zurück nach Nazareth zu gehen und sich als Mensch seinen menschlichen Eltern zu unterstellen, indem er ihnen in allen Dingen gehorsam war (obwohl er erkannt hatte, dass seine wahre Herkunft vom Himmel war). Genauso gab ihm diese Herzenserkenntnis seiner wahren Identität später auch die Kraft, als er im Dienst war und immer wieder angegriffen wurde für das, was er darüber sagte, wer er war. Er war gefestigt in seiner Identität, die ihm der Vater vom Himmel her gegeben hatte.

Gehorsam und Treue

Jesus, der Mensch, erfüllte alles treu, was in der himmlischen Schriftrolle über ihn geschrieben stand (alles, was vor Grundlegung der Welt verfügt worden war, das er auf Erden erfüllen sollte). Als Mensch musste er Gott und seine Gegenwart suchen und allein durch den Heiligen Geist geführt werden, um zu erkennen, welche Pläne Gott, der Vater, für ihn vorgesehen hatte, dass er sie erfüllte.

Wie schon im Kapitel über die Ochsennatur Gottes gesagt, war Jesus dem Willen des Vaters immer gehorsam. Er tat nur das, was der Vater ihm zu tun gab. Er beschwerte sich nie über das, was er tun sollte, und stellte es nie in Frage. Jesus, der Mensch, erfüllte alles, was in seinem Buch im Himmel darüber geschrieben war, was er tun sollte (vgl. Ps 40,7 und Heb 10,7). Sein Gehorsam stand in direktem Kontrast zum Ungehorsam Adams, dem ersten „Haupt" der Menschheit. In

Römer 5 lesen wir über den Kontrast zwischen dem „ersten Adam" und dem „letzten Adam":

> *Wie es nun durch eine Übertretung für alle Menschen zur Verdammnis kam, so auch durch eine Gerechtigkeit für alle Menschen zur Rechtfertigung des Lebens. Denn wie durch des einen Menschen Ungehorsam die vielen in die Stellung von Sündern versetzt worden sind, so werden auch durch den Gehorsam des einen die vielen in die Stellung von Gerechten versetzt werden* (Röm 5,18-19).

Jesus war nicht nur dem vollkommenen Willen Gottes, seines Vaters, ergeben, sondern war auch dem Heiligen Geist ganz hingegeben, welcher ihn als Mensch auf Erden führte und ihm alle Aspekte des Vaters offenbarte. In Lukas 4 steht, dass Jesus *„vom Geist in die Wüste geführt wurde"*, und wir erfahren auch etwas von seiner Versuchung, der er dort als Mensch ausgesetzt war. Nachdem er der Versuchung durch die Kraft des Heiligen Geistes widerstanden hatte, heißt es in Vers 14: *„Dann kehrte Jesus in der Kraft des Geistes nach Galiläa zurück."*

Gott und seine Gegenwart suchen

Jesus, als der vollkommene Mensch, musste sich (wie wir) dafür *entscheiden*, ständig die Gegenwart Gottes, des Vaters, zu suchen, auch inmitten von viel Aktivität. Oft lesen wir in den Evangelien, dass er „früh aufstand" oder sich „für eine Zeit zurückzog", um bewusst Zeit mit dem Vater zu verbringen. Ich glaube, dass er Gott, den Vater, in einem solchen Maß suchte, dass er, wie seinerzeit Henoch, in den Himmel hochgehoben wurde, um Gemeinschaft mit dem Vater zu haben. Nur so konnte er sagen:

> *„Der Sohn kann nichts von sich selbst tun, außer was er den Vater tun sieht"* (Joh 5,19).

Aktivierung

Als Übung können wir wieder unsere inneren Augen auf Jesus richten", indem wir die physischen schließen und über alle Eigenschaften Jesu nachdenken, die er als Mensch auf der Erde erkennen ließ, und ihn als das Haupt der Neuschöpfungs-Menschheit anbeten.

Ich mache es normalerweise so, dass ich meine Augen schließe und meine Gedanken (Vorstellungskraft) auf eine offene Tür in den Thronsaal Gottes richte. Ich tue das in dem Bewusstsein, dass Jesus die Tür zur Gegenwart des Vaters ist. In meinen Gedanken gehe ich dann auf den Thron Gottes zu, wo Jesus zur Rechten Gottes des Vaters sitzt. Ich nähere mich dem Thron in dem Wissen, dass dies nur durch die Gerechtigkeit möglich ist, die Jesus mir durch sein Blut am Kreuz, an dem er gestorben ist, erworben hat.

Ich richte meine inneren Augen auf die linke Seite von Gottes Thron und beginne damit, Jesus, den Gott-Menschen, anzubeten, welcher mein treuer Hohepriester und Vermittler des Neuen Bundes ist, den er zusammen mit dem Vater am Kreuz auf Golgatha in Jerusalem als der Erstgeborene der Menschheit der Neuen Schöpfung vollendet hat.

Während ich ihn anbete, denke ich über alles nach, was sein Wort mir über seine Menschlichkeit und seinen Gehorsam als Mensch sagt, der sich dem Willen des Vaters im Himmel ganz hingab. Ich richte meine Gedanken und meinen Fokus auf Situationen in den Evangelien, die seine Menschlichkeit darstellen.

Ich bete auch den Vater auf dem Thron an, der völlig eins ist im Charakter mit Jesus und der sich entschieden hat, noch bevor er uns geschaffen hatte, dass Jesus das Haupt und der Begründer einer Neuschöpfung des Menschen sein sollte, die sich ganz Gottes Leitung unterstellen würde – inmitten einer gefallenen Menschheit hier auf der Erde.

Wenn du auf diese Weise einige Zeit in der Anbetung verbracht hast, kannst du wieder „herauskommen" und deine

Gedanken, Impulse oder Erfahrungen, die du dabei hattest, aufschreiben. Es ist auch wichtig, „kleine" Eindrücke und Gefühle zu notieren, weil sie der Ausgangspunkt für weitere Offenbarungen und tiefere Intimität mit Gott-Vater und dem Herrn Jesus als König sein können.

Anmerkung: Es ist wichtig, das Wort nicht nur verstandesmäßig zu studieren, sondern, basierend auf dem, was du aus seinem geschriebenen Wort gelernt hast, auch Erfahrungen mit Gott (Vater, Sohn und Heiliger Geist) zu machen.

Kapitel 7

Der Mensch –
unsere Menschlichkeit in Christus

Wie in den bisherigen Kapiteln ausgeführt, können wir in *allen* Aspekten zu Jesu Christus hinwachsen und reife Söhne und Töchter unseres Vaters im Himmel werden. Was bedeutet es, in Christus der „Menschen-Natur" Gottes gleich zu werden?

Der Mensch in uns

(Vergiss nicht, dass Adam, der erste Mensch, ursprünglich beides in sich vereinigte: Mann und Frau. Das zeigt uns die Wahrheit, dass Adam sowohl Mann als auch Frau in ihrer Fülle repräsentierte, um Gottes Ebenbild darzustellen.)

Wenn man über das „Gesicht des Menschen" nachdenkt, ist es wichtig, sich darüber Gedanken zu machen, was **Gottes ursprünglicher Plan für den Menschen** war, als er ihn schuf:

1. *„Lasst uns Menschen machen in unserem Bilde."* Dies ist der Satz, welchen Gott in 1. Mose 1 ausspricht. Er wiederholt ihn im 2. Kapitel nochmals, und betont, dass „sein eigenes Bild" die Aspekte von „männlich und weiblich" umfasst. Dies ist die Hauptbetonung in Gottes Absicht, die Menschheit zu erschaffen – *um seinen eigenen Charakter und seine Persönlichkeit* (seine DNA) *zu reflektieren und zu repräsentieren.*
Einige denken vielleicht, dieser Gedanke sei zu abwegig, oder zu anmaßend, um ihn zu beachten. Aber diese Gedanken entstammen den ersten Kapiteln von Gottes Heiligem

Wort und teilen uns mit, was er mit der Erschaffung des Menschen vorhatte. Denke einmal darüber nach! Unser eigentlicher Zweck ist, widerzuspiegeln, *wer Gott ist*.

2. *„Seid fruchtbar und mehret euch!"*, lesen wir im Schöpfungsbericht des Menschen. Gott hat diese Worte ausgesprochen, lange bevor es unter den Menschen Sünde gab. Dies war eine der ursprünglichen Ziele Gottes: Geschöpfe zu haben, welche seinen eigenen Charakter und seine Persönlichkeit in vollem Maß reflektieren und seine Lebensqualität verbreiten sollten.

3. **Adam und Eva sollten über alles herrschen, was auf der Erde lebte.** Wow, das ist interessant! Es gab in der ursprünglichen Schöpfung der Erde einen Bedarf an Autorität bzw. Regierung. Das sagt mir, dass Gott in die Menschheit das Prinzip des Herrschens und Regierens eingepflanzt hat, dass auf der Erde Autorität ausgeübt werden sollte.

4. Durch den **Sündenfall** wurden natürlich alle ursprünglichen Absichten des himmlischen Vaters pervertiert und mit selbstsüchtigen Motiven infiziert: Der Wunsch, unseren *eigenen* Charakter und unsere *eigene* Persönlichkeit so darzustellen, dass wir selbst gut dastehen. Durch die Generationensünde, wodurch unsere Vorväter immer weitergehende Sünden-Festungen in unsere DNA eingefügt haben, haben wir unsere ursprüngliche Bestimmung aufgegeben.

Gott möchte, dass wir als seine Kinder durch das neue Leben in uns (seine DNA von seinem Samen) in allen Aspekten seines Charakters reif werden.

> *...denn ihr seid wiedergeboren nicht aus vergänglichem Samen, sondern aus unvergänglichem durch das lebendige und bleibende Wort Gottes* (1 Pt 1,23).

Wir haben den Samen mit der Information von *allem*, was er ist, in uns, sodass wir von Herrlichkeit zu Herrlichkeit verwandelt werden können, wenn wir uns auf **ihn** fokussieren (2 Kor 3,18). Dies sollte sich in unserem Leben ganz real niederschlagen, was bedeutet, dass wir immer mehr den ursprünglichen Absichten entsprechen, für die uns unser Vater im Himmel geschaffen hat.

Barmherzigkeit

Eine Eigenschaft, welche beständig in uns wachsen und reifen sollte, anderen Menschen gegenüber barmherzig zu sein. Wir sehen in den Evangelien, besonders bei Lukas, dass Jesus immer Mitgefühl für die Schwachen und Hilfsbedürftigen hatte. Es heißt in Hebräer 4,15:

Denn wir haben nicht einen Hohepriester, der nicht Mitleid haben könnte mit unseren Schwachheiten, sondern der in allem in gleicher Weise [wie wir] versucht worden ist, [doch] ohne Sünde.

Kürzlich las ich ein Zitat: „Im Zweifel sei freundlich", und ich erkannte, dass Freundlichkeit eine Frucht des Heiligen Geistes ist. Jesus wandelte in der Fülle des Heiligen Geistes – und damit auch in der Fülle der Freundlichkeit. Das bedeutet für uns, dass wir in Freundlichkeit und Barmherzigkeit für unsere Mitmenschen wachsen sollten, unabhängig davon, ob wir sie menschlich gesehen mögen oder mit ihnen in allem übereinstimmen.

Jesus wurde nicht von seinen Gefühlen bzw. Stimmungen beherrscht, sondern er ließ zu, dass er das *fühlte*, was andere durchmachten. Wir sind Nachfolger des Herrn Jesus Christus, und Gott möchte, dass wir als seine Kinder in der Freundlichkeit und Barmherzigkeit wachsen. Wir sollten keine Entscheidungen treffen, welche gefühlsbasiert bzw. launisch sind, sondern lernen, andere so zu sehen, wie Gott, unser Vater und Jesus, unser Bruder sowie der Heilige Geist, unser Ratgeber, sie sehen.

Paulus, der Apostel Jesu Christi, welcher viele Briefe des Neuen Testamentes geschrieben hat, sagte den Gläubigen der Gemeinden immer wieder, sie sollten *freundlich* und *barmherzig* sein. Offensichtlich gibt es einen ständigen Bedarf, einander zu lehren und zu motivieren, freundlich miteinander umzugehen.

Wenn wir Jesu perfekte Menschlichkeit, wie sie in den Evangelien, insbesondere bei Lukas, beschrieben wird, betrachten, werden wir mehr und mehr in sein Bild verwandelt. Und das ermöglicht es uns, uns für Barmherzigkeit und Freundlichkeit gegenüber unserem Nächsten zu entscheiden.

Identität

In den letzten Jahren gab es geradezu eine Explosion an Offenbarung im Leib Christi bezüglich unserer *Identität in Christus*. Es gibt eine Fülle von Proklamations-Gebeten, Liedern und Lehren darüber, wer wir in Christus sind. Diese basieren auf dem, was im Wort Gottes steht, und darauf, dass wir uns so sehen, wie Gott es in seinem Wort zum Ausdruck bringt. Dies ist ein sehr grundlegender Aspekt unseres Lebens mit Gott als sein Sohn und seine Tochter.

Jedoch liegt eine Gefahr darin, lediglich Formeln und Lehren zu folgen und dabei die Sicht auf die eigentliche Grundlage unserer Identität als Menschen aus den Augen zu verlieren. Jesus bekam seine Identität und die Erkenntnis seiner Bestimmung als Mensch nicht durch Glaubenslehren vermittelt, sondern *durch seine Intimität mit dem himmlischen Vater*. Wenn er, als der vollkommene Sohn Gottes und ebenso Sohn des Menschen, als er auf Erden lebte, bezüglich seiner Identität komplett vom Vater abhängig war, wie viel mehr wir! Für jeden von uns als Sohn und Tochter Gottes ist es von höchster Priorität, unsere Identität direkt aus unserer Beziehung mit unserem Himmlischen Vater zu beziehen.

Als natürliche Söhne und Töchter erhalten wir unsere Identität ganz wesentlich von unserem irdischen Vater. Dies geschieht, wenn wir Zeit mit ihm verbringen und persönlich durch ihn bestätigt und von ihm geliebt werden. Es geschieht nicht nur durch das, was er sagt, sondern noch mehr durch die Liebe, die er uns (nonverbal) vermittelt, während wir mit ihm zusammen sind.

In menschlichen Worten ausgedrückt, sprechen wir davon, dass die Zeit, die man in einer Beziehung miteinander verbringt, sowohl einen quantitativen Aspekt (wie viel) als auch einen qualitativen Aspekt (wie intensiv und fruchtbar) hat. Beide Aspekte sind in der Entfaltung eines gesunden menschlichen Sohnes oder einer Tochter wichtig. *Wie viel mehr* sollten wir unsere persönliche Identität als Sohn oder Tochter Gottes dadurch erhalten, dass die Zeit, die wir mit unserem himmlischen Vater verbringen, beide dieser Aspekte umfasst.

Jesus sagte: *„Ich bin der Weg, die Wahrheit und das Leben – keiner kommt zum Vater außer durch mich"*, was uns zeigt, dass es das höchste Ziel ist, zum Vater zu kommen und in beständiger Kommunikation mit ihm zu leben. Man sagt auch: „Es gibt keine (geistlich legitime) Autorität ohne Intimität." Ich würde zudem sagen: **„Es gibt keine Identität ohne Intimität."**

Gehorsam und Treue

Jesus war treu in allem, was ihm der Vater zu tun auftrug, und ebenso war er treu gegenüber allem, was „im Buch des Himmels" über ihn geschrieben stand. Genauso können wir in Gehorsam und Treue wachsen, wenn wir uns entscheiden, Gott bezüglich dessen, was er im Himmel *über uns* (vor Grundlegung der Welt) aufgeschrieben hat, zu suchen. Wir können uns vom Heiligen Geist führen lassen, damit alle Ziele, welche unser himmlischer Vater über unser Leben festgelegt hat, bevor er uns im Leib unserer Mutter formte, von uns auf Erden erfüllt werden.

Gehorsam und Treue werden in unserem Leben entwickelt, wenn wir in Beziehung mit unserem Vater leben. Jesus lebte es uns in den Evangelien beständig vor. Er zog sich immer wieder an einen ruhigen Ort zurück, um Zeit mit seinem himmlischen Vater zu verbringen, und in diesen (intimen und verborgenen) Zeiten erhielt er Offenbarung, um alles tun zu können, was Gott für ihn geplant hatte.

Wie viel mehr benötigen wir diese Intimität und Zeit mit Gott, um sein Wort zu lesen, darüber nachzusinnen, wer er ist, ihm Fragen zu stellen und auf seine Antworten zu warten? Du kannst nicht gehorsam sein, wenn du dir nicht die Zeit nimmst und dich darauf konzentrierst herauszufinden, was der Vater auf dem Herzen hat, dass du es tust. Dieser „Wille Gottes" für dein Leben wird in einigen Dingen sehr speziell auf dich zugeschnitten sein, auch wenn es im Wort Gottes (der Bibel) viele Dinge gibt, die ganz allgemein als Leitlinien für ein gesundes geistliches Wachstum als Sohn oder Tochter betrachtet werden können. Es kann und wird so sein, dass Gott dich manchmal (ganz) anders führt als andere. Aber auch diese persönliche Führung bewegt sich in Übereinstimmung mit der Schrift. Deshalb ist die persönliche Zeit und enge Gemeinschaft mit Gott so wichtig.

Wenn wir uns die Zeit nehmen, Gott im Gebet für unser persönliches Leben zu suchen und mit ihm über sein geschriebenes Wort zu sprechen, werden wir beständig in der Offenbarung dessen wachsen, was im „himmlischen Buch" unseres Vaters über uns geschrieben steht. Wie Jesus werden wir lernen zu sagen:

> *Da sprach ich: Siehe, ich komme; in der Rolle des Buches steht über mich geschrieben. Dein Wohlgefallen zu tun, mein Gott, liebe ich; und dein Gesetz ist tief in meinem Innern* (Ps 40,8-9).

> *Da sprach ich: Siehe, ich komme – in der Buchrolle steht von mir geschrieben –, um deinen Willen, o Gott, zu tun.* (Hebr 10,7).

Der Richterstuhl Christi wird das Maß dessen enthüllen, was Gott mit uns in unserem Leben vorhatte, und wie sehr das mit dem übereinstimmt, wie wir tatsächlich gelebt und was wir in diesem Leben vollbracht haben. Alle Dinge, die nicht in Übereinstimmung mit Gottes Willen und seinen Plänen für und mit uns sind, werden „verbrannt wie von Feuer".

Denn wir müssen alle vor dem Richterstuhl Christi erscheinen; so dass jeder das bekommt gemäß seiner Taten, sei es gut oder böse (2 Kor 5,10).

Unser Lebensziel als Söhne und Töchter Gottes in der neuen Schöpfung sollte es sein, gegenüber allem, was unser Vater uns sagt, gehorsam und treu zu sein. Der große Lohn des Gehorsams und der Treue besteht darin, dass *alles*, was Gott in uns angelegt hat, bevor wir geboren wurden (Wünsche und Gaben) erfüllt wird.

Gott und seine Gegenwart suchen
Auch wenn ich Gefahr laufe, mich zu wiederholen, möchte ich noch einmal erwähnen, dass wir wachsen, uns entwickeln und „von Herrlichkeit zu Herrlichkeit" verwandelt werden, wenn wir Zeit alleine mit Gott, unserem Vater, verbringen und seine Gegenwart suchen. Dazu gehört, dass wir als neue Kreaturen die Freiheit haben, in die himmlischen Bereiche gehen zu können. Wir können im Glauben und im Geist in Gottes himmlische Orte hineingehen und diese ganz konkret *erfahren* und *erleben*. Und das nicht nur als eine theologische Wahrheit, über die wir lediglich etwas gelesen haben, die wir jedoch nie persönlich erfahren haben. Jesus ist die Tür zum Vater, und wir können durch das Blut Jesu in die Gegenwart unseres himmlischen Vaters eintreten – mit der Zuversicht, dass wir seine Kinder sind und er mit uns Zeit verbringen möchte.

Dieses „Gott suchen" beinhaltet auch, dass wir dem Heiligen Geist erlauben, unsere geistlichen Sinne zu trainieren, damit wir mit ihnen geistlich *hören, sehen, fühlen, riechen und schmecken* können. Wir dürfen nicht vergessen, dass wir einen erneuerten Geist haben, welcher wahrnehmen kann, was im geistlichen Bereich vor sich geht. Diese höheren Sinne können durch geistliche Übung trainiert werden (Hebr 5,14).

Gott ist Geist und kommuniziert mit unserem Geist. Je mehr unsere Sinne geistlich trainiert werden, desto tiefer kann unsere Gemeinschaft mit ihm auf einer Erfahrungsebene stattfinden. Unser himmlischer Vater wünscht sich Söhne und Töchter, die in ihrem erneuerten Geist empfangen können, was er ihnen mitteilt.

Meine persönliche Erfahrung mit dem „Menschen"

Meine persönliche Erfahrung mit dem Aspekt *des Menschen* der lebendigen Wesen (als Abbild des Vaters durch Jesus Christus) war mit der Erfahrung des Ochsen verbunden. Siehe mein Zeugnis im Kapitel über den Ochsen.

Nach dieser anfänglichen Erfahrung lernte ich, wie ich zurück in den Thronraum gehen und dort mit den lebendigen Wesen anbeten konnte. Manchmal kam es dann, dass ich nahe bei dem „Mensch"-Wesen stand, während ich den Vater und Jesus anbetete. Obwohl es wirklich mystisch klingt, war es einfach nur *geistlich* ... und heilig. Im Thronraum zu verweilen und den Allerhöchsten auf seinem Thron, zusammen mit dem „Mensch"-Wesen anzubeten, hat mich immer mehr in Gottes Bild verwandelt. Ich stelle fest, dass ich inzwischen anderen Menschen gegenüber ganz andere Gedanken und Gefühle habe: mehr Barmherzigkeit und mehr Freundlichkeit. Ich habe auch eine starke Entschlossenheit empfangen, treu und gehorsam gegenüber dem zu sein, was der Vater mir über meine Berufung (welche in meinem Buch im Himmel geschrieben ist) gezeigt hat – das alles ist Gnade (die Kraft zu überwinden). Und mein Wunsch, dem Vater täglich in einer intimen Art und Weise zu begegnen, ist immens gewachsen.

Ein anderer Aspekt, welcher für mich sehr wichtig geworden ist, ist die *Kraft, die die Buße (Umkehr)* hat, mich als Mensch zu verändern – meine Wünsche, meine täglichen Aktivitäten, meine Haltungen, mein Denken und Reden. Ich werde wirklich verändert:

Aber wir alle schauen die Herrlichkeit des Herrn mit unverhülltem Angesicht und werden verwandelt in sein Bild von Herrlichkeit zu Herrlichkeit, wie es durch den Geist des Herrn geschieht (2 Kor. 3,18).

Ich persönlich versuche mir regelmäßig Zeit zu nehmen, dem Vater zu begegnen, indem ich still werde, sein Wort lese, ihn anbete und die biblischen Bilder vom Thronraum anwende, um dort einzutreten und ihm nahezukommen (vgl. Jak 4,8). Dabei empfange ich viel praktische Führung durch geistgewirkte Gedanken und Eindrücke.

Ein Beispiel: Als Ehefrau des Inhabers eines Einzelhandelsgeschäftes habe ich mit allen unseren Angestellten zu tun (derzeit etwa 30 Beschäftigte). Ich bete für alle Angestellten und bitte den Vater beständig um Leitung in meinem Umgang mit ihnen.

Nicht jede(r) Angestellte ist „mein Fall", aber ich bitte den Vater, mir *seine* Augen der Barmherzigkeit zu geben sowie Weisheit, wie ich mit negativen Verhaltensweisen umgehen soll. Dann empfange ich, inmitten des Arbeitstages, eine reine Einstellung anderen gegenüber und ich kann auch mit schwierigen Situationen und Verhaltensweisen ganz anders umgehen. Natürlich erlebe ich auch, dass ich in meiner eigenen Kraft handele und *nicht* richtig reagiere. Dann muss ich mich entscheiden, Buße zu tun, aus der Erfahrung zu lernen und schrittweise in eine größere Reife hineinzuwachsen. In Sprüche 24,16 heißt es:

Denn sieben Mal fällt ein Gerechter und steht (doch) wieder auf.

Es ist gut zu wissen, dass unser Vater die Motive und Absichten unseres Herzens kennt.

Vom HERRN her werden eines Mannes Schritte gefestigt, und seinen Weg hat er gern; fällt er, so wird er doch nicht hingestreckt, denn der HERR stützt seine Hand (Ps 37,23-24).

Aktivierung

1. Gehe an einen ruhigen Ort, wo du alleine mit Gott bist, und richte deine Aufmerksamkeit auf die verschiedenen Charaktereigenschaften Jesu als dem vollkommenen Menschen. Betrete im Gebet und im Glauben den Thronsaal, indem du deine Augen schließt und dir vorstellst, wie der Thronsaal gemäß Offenbarung 4 und 5 aussieht. Denke daran, dass Gott durch Jakobus sagt, wenn wir „uns ihm nahen", dann naht er sich uns. In dieser Übung geht es darum, dass wir mit unserem Geist Gott – durch Jesus als die Tür, gekleidet in seine Gerechtigkeit durch sein Blut – nahekommen. Wir dürfen dabei eine Antwort vom Vater erwarten.
Wenn du an diesem Ort der Anbetung vor dem Thron bist, bitte den Herrn, dir einen oder mehrere Aspekte des „Menschen" deutlicher zu machen oder dir zu offenbaren, was es bedeutet, die Menschennatur von Gott in dir weiterzuentwickeln. Danach schreibe in irgendeiner Form auf, was du während dieser Zeit empfangen hast. (Das kann bei jeder Person anders sein – die einen sehen Bilder oder bekommen Gedanken oder Ideen, oder sie hören, dass Gott etwas Spezifisches sagt. Bitte lehne nichts als unbedeutend ab, auch wenn du es nicht ganz verstehst – schreibe es einfach auf.) Wenn du einige dieser Dinge, die du aufschreibst, nicht verstehst, dann bitte den Herrn, dir die Bedeutung für dein persönliches Leben zu offenbaren.

2. Die gleiche Übung wie beim Löwen und Ochsen kann auch für die anderen Gesichter verwendet werden. Es erfordert, wie gesagt, vielleicht etwas mehr Mut, weil sie uns auf unbekanntes Terrain führt. Gehe wieder zum Thron, indem du die Schriftstellen von Hesekiel 1 und Offenbarung 4 und 5 als Anhaltspunkt dafür verwendest, wie es für unsere geistlichen Augen im Thronsaal „aussieht". Eine der Aktivitäten, welche kontinuierlich vor Gottes Thron geschieht, ist die Anbetung der vier lebenden Wesen (wir haben diese Stellen am Anfang dieses Buches gelesen). Du kannst nähertreten

(Augen geschlossen halten und dich im Glauben entscheiden, den Thron zu sehen). Dann trete zwischen die vier lebendigen Wesen, die in Anbetung sind. Geh dahin, wo das „Mensch"-Wesen anbetet und stelle dich direkt neben es, wenn du mit ihm zusammen Gott anbetest.

Bitte den Vater, dir mehr bezüglich seiner Menschennatur zu offenbaren. Du kannst auch Jesus, der zur Rechten des Vaters auf seinem Thron sitzt, anbeten und auch ihn bitten, dir mehr von seiner vollkommenen Neuschöpfungs-Menschennatur zu vermitteln. Nach dieser Bitte beobachte, was für Bilder in deinen Gedanken auftauchen, oder was du im Herzen empfindest. Danach schreibe auf oder protokolliere, was du vom Vater erhalten hast, und stelle ihm Fragen zu dem, was du aufgeschrieben hast.

3. Es gibt noch viele andere Arten von „Aktivierungen", um mehr in das Bild des „perfekten Menschen", Jesus Christus, verwandelt zu werden. Hier einige Vorschläge:

   a) In deiner täglichen Zeit der Stille und des Wartens auf den Herrn stelle ihm Fragen. Dann schreibe die Gedanken auf, die dir in den Sinn kommen. Denke daran: Wenn du deine Eindrücke aufschreibst, kannst du sie später immer noch überprüfen – du musst in diesem Moment wegen der aufkommenden Gedanken keine Angst vor Fehlern haben; wir haben ja die Bibel als unseren sicheren Anker, um *„alle Dinge zu prüfen und das Gute zu behalten"* (1 Thess 5,21).

   b) Erstelle eine Liste von fünf Personen, mit denen du täglich zu tun hast, und dann gehe demütig im Gebet zum Vater und bitte ihn, dir seine Sicht für diese Personen zu geben. Konzentriere dich (schrittweise) auf jede Person in der Liste und schreibe auf, welche Gedanken du zu jeder einzelnen Person bekommst. Dies ist eine Übung, um in Barmherzigkeit und Freundlichkeit zu wachsen, aber auch in Unterscheidung.

c) Der nächste Schritt ist eine Fortsetzung des letzten. Nachdem du für jede Person auf deiner Liste Gedanken und Eindrücke empfangen hast, bitte den Vater, ob es irgendetwas gibt, was du für sie tun sollst. (Das ist naheliegend, denn wenn er dir dazu etwas zeigt, kann es sein, dass er dir Wege zeigt, wie er durch dich diese Menschen berühren möchte.)

Schreibe auch hier wieder die Gedanken auf, welche dir kommen, nachdem du gebetet hast – das wird dir helfen, deine geistlichen Sinne zu schärfen.

Lass uns zusammen beten:

Lieber Vater-Gott, wir kommen demütig vor deinen Thron und danken dir für alles, was du uns über deinen Charakter durch Jesus als den vollkommenen Menschen offenbart hast. Wir kommen zu dir in den Thronraum, wo die lebenden Wesen anbeten, voll deines Lebens und der Widerspiegelung deines Charakters. Wir bitten dich, dass du dich uns offenbarst, während wir im Geist dort stehen – offenbare uns mehr darüber, wer du, Vater, bist und wer Jesus ist. Bitte verwandle uns noch weiter in deine „Menschen"-Natur – verändere unsere DNA, damit sie deiner DNA immer ähnlicher wird, Vater. Wir möchten „von Herrlichkeit zu Herrlichkeit" umgestaltet werden, während wir anbeten und dich betrachten. Danke dafür, dass du uns durch deinen Heiligen Geist immer weiter in dein Bild veränderst. Wir entscheiden uns, alles zu empfangen, was du in uns als deinen Töchtern und Söhnen tun möchtest. Amen.

Kapitel 8

Der Adler –
Jesus als der ewige Sohn Gottes
(wie im Johannesevangelium dargestellt)

Das Johannesevangelium ist in vielerlei Hinsicht anders geartet als die anderen drei Evangelien. In diesem Evangelium wird Jesu *himmlische* Natur als das ewige Wort Gottes und als der Sohn Gottes betont.

Genauso, wie der Adler in der Natur als der majestätischste und „himmlischste" Vogel gilt, welcher in größeren Höhen fliegt, als der Rest des Vogelreiches, ist Jesus der überwindende und über alle Dinge erhobene *Sohn Gottes*. Er kommt vom Himmel her und ist in jeder Hinsicht eins ist mit seinem Vater.

Im Evangelium des Johannes gibt es *keinen* (!) Stammbaum, welcher auf Jesu königliche Herkunft hinweist. Ja, das Evangelium beginnt auf ganz andere Weise, als die anderen drei Evangelien, indem es gleich zu Beginn hervorhebt, dass Jesus das ewige Wort Gottes ist:

> *Im Anfang war das Wort, und das Wort war bei Gott, und das Wort war Gott. Dieses war im Anfang bei Gott. Alles wurde durch dasselbe, und ohne dasselbe wurde auch nicht eines, das geworden ist. In ihm war Leben, und das Leben war das Licht der Menschen. Und das Licht scheint in der Finsternis, und die Finsternis hat es nicht erfasst* (Joh 1,1-4).

Dies ist für sich selbst genommen schon eine erstaunliche Aussage zu Jesu „eigentlichem" Stammbaum, der ihn für alle Ewigkeit im Vater verortet.

Einige interessante Details bezüglich des Evangeliums des Johannes, welche Jesu himmlische Adlernatur aufzeigen, sind:

- Es gibt keine Aufzeichnungen über die menschliche Geburt oder Kindheit Jesu.

- Johannes spricht sehr direkt davon, wer Jesus ist – es gibt *keine* (!) Gleichnisse in seinem Evangelium. Jesus macht sehr klare Aussagen darüber, wer er ist: **„Ich bin"** Licht, Leben, Weg, Wahrheit, Liebe, „der Sohn", das Brot des Lebens, die Auferstehung usw.

- Dieses Evangelium offenbart, wie Jesus vom **Himmel** her gesehen wird – als der Sohn seines himmlischen Vaters, der beständig mit ihm in Kontakt steht.

- Die berichteten Ereignisse aus dem Leben Jesu zentrieren sich um seinen geistlichen Dienst und um die jüdischen Feste, welche von Gott eingerichtet und als „fortwährende Feste" beschrieben worden sind, was bedeutet, dass sie ewige Realitäten im Himmel darstellen.

- Das Thema der *Herrlichkeit Gottes* durchdringt das ganze Evangelium, angefangen mit Jesu Wundern als Zeichen, durch welche diese Herrlichkeit schon vorab offenbart wird. Sie zeugen auch heute noch von seiner Auferstehungs-Herrlichkeit, um das vollendete Werk am Kreuz zu offenbaren.

- Obwohl die ersten sieben Kapitel von Johannes oft vom „Leben" sprechen und die nächsten fünf Kapitel viel von „Licht", liegt im restlichen Evangelium die Betonung hauptsächlich auf „Liebe" (Gottes vollkommene, ewige „Agape"-Liebe).

Wie stellt sich Jesus als Adler dar?

Der Adler hat viele Eigenschaften, welche die Wesensart Gottes, die in Jesus Christus gezeigt wurde, widerspiegeln. Der Adler ist eine „himmlische" Kreatur, welche dazu geschaffen wurde, hoch über der Erde zu fliegen. Von dieser Adlerperspektive aus sieht Gott von einer ewigen und göttlichen Perspektive aus auf die Welt herab, anstatt irdisch gebunden und begrenzt zu sein.

Dieser Adler-Charakter ist auch in den Büchern des Alten Testaments erkennbar, wo Gott verschiedene Male von Sich selbst als einem „Adler" spricht, welcher Israel, sein Volk, auf seinen Flügeln trägt. Der Bezug zu den „Flügeln" Gottes im Alten Bund ist ein schönes Bild für den Vater in seiner schützenden, liebenden Fürsorge und Aufsicht über sein Volk.

Scharfe (klare) Sicht

Adler haben scharfe Augen und können auch sehr kleine Dinge aus einer weiten Distanz sehen. Ein Adler hat zwei verschiedene Arten von Augenlidern: Wenn er sehr hoch fliegt (höhere Atmosphäre), öffnet er die Augenlider, die das Licht filtern, sodass seine Sicht intensiver und schärfer wird. Dies steht für die Atmosphäre im Himmel und dafür, dass Jesus mit seinem Vater im Himmel vollkommen in Einklang ist. Dies versuchte er in seinen Ausführungen in Johannes 5 zu erklären, aber die religiösen Leiter konnten es nicht verstehen, weil ihre Augen irdisch gebunden waren und nicht von einer himmlischen Perspektive aus sehen konnten.

Kraft, um den Feind zu zerstören

Wenn Adler nach eine Beute Ausschau halten, erheben sie sich weit nach oben über die Landschaft und verwenden ihre scharfe Sicht, um ihre Beute zu erspähen. Aus weiter Distanz können ihre Adleraugen bereits ihr Angriffsziel fixieren und dann mit hoher Geschwindigkeit darauf herabstürzen. Dann benutzen sie ihre scharfen Krallen, um die Beute zu ergreifen.

Adler haben auch große Kraft, wie man in manchen Bildern sehen kann, wo sie selbst große Tiere durch die Luft tragen, indem sie diese mit ihren Krallen umklammern und sich mit ihren mächtigen Flügeln emporschwingen.

Jesus erkannte durch seinen Adler-Charakter den Feind schon von Weitem und konnte entsprechend mit ihm umgehen. Er sprach darüber zu seinen Jüngern in Lukas 10,19 und beschrieb dort die Kraft des Adlers, die er auch ihnen verlieh:

Ich habe euch Vollmacht gegeben, auf Schlangen und Skorpione zu treten, und über alle Macht des Feindes, und nichts kann euch in irgendeiner Weise schaden

Adler fressen Schlangen und gehören zu ihren schärfsten Feinden. „Schlangen" symbolisieren sowohl die Lügen des Feindes (gespaltene Zunge), als auch seine physischen, mentalen und geistlichen Angriffe. Neben der Schlange stehen auch die Skorpione für das Gift, welches der Feind uns einflößen möchte – in unsere Gedanken, Gefühle und bis in unsere physische Gesundheit, um uns auf jeder Ebene zu lähmen.

Sich die „Thermik" des Geistes zunutze machen

Adler lernen instinktiv, Windströmungen wahrzunehmen und sich zunutze zu machen, damit sie, selbst bei Stürmen, hoch hinausfliegen können. Adler haben keine Angst vor Stürmen, sondern sie nutzen die mächtigen Windströmungen in Stürmen, um immer höher zu steigen und über dem Sturm zu sein. Wenn sie einmal die Thermik erfasst haben, dann schlagen sie nicht mit den Flügeln, sondern warten einfach darauf, dass sie die Thermik immer höher trägt.

Adler sind dazu geschaffen zu schweben, nicht um hektisch mit den Flügeln zu schlagen. Wir sehen diese Gelassenheit im Leben Jesu, wo er in Johannes 5,19 sagte: *„Ich tue nur, was ich den Vater tun sehe."* Er wurde nicht durch die Meinungen anderer oder vom Widerstand seiner Gegner hin und her gerissen. Er ließ sich auch nicht durch diejenigen einschüchtern, die seine ewige Perspektive nicht hatten, welche er durch seine Zeit mit dem Vater kontinuierlich empfing.

Hoch über allen irdischen Dingen fliegen

Hoch zu fliegen wie ein Adler, hat verschiedene Aspekte. Es wird gesagt, dass die Krähe der schlimmste Verfolger des Adlers ist. Bei niedrigen Höhen tanzt die Krähe durch die Luft und versucht, den Adler zu belästigen und zu picken. Daraufhin steigt der Adler immer höher auf, bis die Luft so dünn wird, dass die Krähe nicht mehr mithalten kann, und zurückbleiben muss. Wir sehen dies oft im Leben Jesu, wenn er sich dafür entscheidet, hoch über der Belästigung seiner Feinde zu schweben und seine Aufmerksamkeit auf die himmlische Perspektive der vorliegenden Situation zu richten.

Hoch hinaufzufliegen steht auch symbolisch dafür, dass man über die irdische (begrenzte) Perspektive hochsteigt und dort die himmlische Perspektive erhält, die das Gesamtbild der irdischen Situation erfasst. Wir haben diesen Aspekt schon gesehen, als wir das Leben Jesu als den *vollkommenen Menschen* betrachtet haben. Er hat beständig die Gegenwart und die Gemeinschaft Gottes gesucht, um in allen Situationen die himmlische Sicht zu bekommen.

Freiheit

Adler sind ein Symbol für Freiheit, weil sie nur gedeihen, wenn sie frei leben. Adler sind die reinlichsten wilden Vögel, aber wenn man sie in Gefangenschaft bringt, werden sie zu den schmutzigsten Vögeln und vernachlässigen sich. Es gibt nichts Grausameres, als einen Adler in Gefangenschaft zu halten.

Jesus hat folgende Aussage getroffen: *„Derjenige, den der Sohn frei macht, ist wirklich frei"* (Joh 8,36). Sogar am Kreuz richtete er seine Augen auf das Ziel seines Sterbens und wusste durch Offenbarung, dass er das „Lamm Gottes war, geschlachtet vor Grundlegung der Welt", um ihre Sünden auf sich zu nehmen. Er konzentrierte sich auf die himmlische Perspektive seines ewigen Sieges durch seine bevorstehende Auferstehung.

Häufig wollten ihm andere vorschreiben, wie er als „richtiger" Messias reagieren und wo er sich aufhalten sollte, aber er behielt seine Freiheit, indem er „in der Luft" blieb – in der Freiheit, der Sohn Gottes zu sein. Er war zuerst und vor allem seinem Vater verantwortlich, nicht den Menschen.

Adler werden oft im Gegensatz zu Hühnern beschrieben, welche ihr Leben am Boden leben, obwohl sie Vögel sind und Federn haben. Hühner verbringen die meiste Zeit damit, in den Boden zu picken und sich in der Gruppe zusammenzukauern. Sie werden durch störende Situationen leicht in Panik versetzt, dann rennen und verstecken sie sich hektisch zusammen mit den anderen Hühnern im Hühnerhaus. Oft flattern sie auf dem Hühnerhof herum, aber sie kommen nur ein paar Meter hoch und erreichen nie eine echte „Vogelperspektive".

Diesen Kontrast erkennt man im Evangelium von Johannes, wo die religiösen Führer die Menschen ständig wie eine Gruppe Hühner aufscheuchten. Die Aktivitäten im Tempel und in der Synagoge waren für diese religiösen Leute und diejenigen, die ihrem Lebensstil verpflichtet waren, wie ein Hühnerhof. Jesus hatte immer die himmlische Sicht, um der religiösen Aufregung über das, was er tat und sagte, gelassen entgegenzuwirken.

Mit zunehmender Freiheit gibt es auch eine „Absonderung", welche sehr klar im Flug der Adler in den Höhen dargestellt ist. Je mehr Jesus seine Berufung erfüllte (als „das Lamm Gottes, geschlachtet vor Grundlegung der Welt"), desto mehr war er von den Massen abgesondert. An einem Punkt sagte er sogar zu seinen engsten Freunden: „Wollt ihr mich auch verlassen?" (vgl. Joh 6,67). Als Mensch, welcher den Willen Gottes tat, fühlte er manchmal die Einsamkeit wahrer Freiheit.

Tägliche Reinigung

Wie gesagt: Ein Adler ist als einer der reinlichsten Vögel bekannt, und das mit gutem Grund. Täglich verwendet er morgens eine ganze Stunde, um *alle* seine Federn zu reinigen und danach ein organisches Öl, welches in seinen Drüsen produziert wird, aufzutragen. Er weiß, dass sein ganzes Überleben und seine Lebensqualität damit zusammenhängen, dass seine Federn in Ordnung sind, damit er den Wind erfassen und zum Ort der schärfsten Sicht aufsteigen und sich von dort wie ein Pfeil hinab auf seine Beute stürzen kann.

Diese tägliche Reinigungs- und Ölungsprozedur erfrischt sein ganzes Sein und bringt jeden Tag neue Vitalität und Leichtigkeit für seine Flüge. Werden die Federn nicht täglich richtig gereinigt und geölt, ist es schwierig für den Adler, aufzusteigen. Die Federn beginnen zu „pfeifen" und kündigen damit ungewollt seinen ansonsten überraschenden Angriff an, wenn er auf seine Beute hinabstößt.

Jesus, der die ultimative „Adler"-Natur seines Vaters hatte, praktizierte beständig diese Gewohnheit. In den Evangelien lesen wir oft, dass er an einen ruhigen, abgesonderten Ort ging, um zu beten. Wir wissen, dass er durch seinen kulturellen Hintergrund, wo er zu den Füßen der Rabbis saß, das ganze Gesetz (die Thora) und die Propheten kannte (alle Bücher des Alten Testamentes). Verschiedene Male wird er im Evangelium auch selbst „Rabbi" (Meister und Lehrer) genannt, was dafürspricht, dass er mit dem Wort Gottes völlig vertraut war.

Aber er verließ sich nicht nur auf sein natürliches Wissen des Wortes Gottes als Mensch (wie die Pharisäer und Schriftgelehrten), sondern durchtränkte sich mit der Gegenwart Gottes, da er täglich früh aufstand und die Schriften betete, die von ihm als dem Messias sprachen, dem Gesalbten Gottes, welcher Israel versprochen worden war.

Zur tägliche Reinigung gehörte auch, dass er vor den Vater kam, sich in allen Dingen dem ganzen Wort Gottes hingab und sein Herz vor dem Thron Gottes in der Herrlichkeit „badete".

Die „Ölung der Federn" bezieht sich auf Jesu Unterordnung unter den Heiligen Geist und dessen Salbung und Führung (vgl. Jes 61 und Lk 4). Nach seiner Zeit der Reinigung in der Gegenwart Gottes erneuerte er täglich seine Unterordnung unter den Heiligen Geist und die Pläne des Vaters unter der Führung des Geistes. Er erhielt täglich eine frische Salbung vom Heiligen Geist, um seinen Dienst ausüben zu können.

Wir lesen nicht viel darüber, was in diesen Zeiten, die er alleine mit dem Vater verbrachte, geschah. Aber wir *hören*, dass Jesus im Evangelium des Johannes ziemlich häufig von „meinem Vater" spricht. Das war sein Geheimnis – er verbrachte viel Zeit in der Intimität mit Gott als seinem Vater und ging sogar so weit, zu sagen:

> *Der Sohn kann nichts aus sich selbst tun, sondern nur, was er den Vater tun sieht: was immer der tut, das tut auch der Sohn* (Joh 5,19).

Wiederherstellung der Vitalität

> *Aber die auf den HERRN harren, kriegen neue Kraft, dass sie auffahren mit Flügeln wie Adler, dass sie laufen und nicht matt werden, dass sie wandeln und nicht müde werden* (Jes 40,31 LUT).

> *Preise den HERRN, meine Seele, und vergiss nicht alle seine Wohltaten! Der da vergibt alle deine Sünde, der da heilt alle deine Krankheiten. Der dein Leben erlöst aus der Grube, der dich krönt mit Gnade und Erbarmen. Der mit Gutem sättigt dein Leben. Deine Jugend erneuert sich wie bei einem Adler* (Ps 103,2-5).

Ein sehr wichtiger Aspekt des Adlers spiegelt sich in den obigen Bibelversen wider und zeigt den Zusammenhang zwischen „Auf den Herrn harren" und der Tatsache, dass unser Leben „mit Gutem gesättigt" wird. Beide haben damit zu tun, dass die Kraft des Adlers erneuert wird.

Der Adler – Jesus als der ewige Sohn Gottes

Die Septuaginta[1] übersetzt Jesaja 40,31 so: „Die aber auf Gott warten, werden ihre Kraft erneuern; sie werden neue Federn erhalten wie die Adler." Das hat die gleiche Bedeutung wie „auffahren mit Flügeln wie Adler", aber etwas besser erklärt. Der Text beschreibt den Prozess des Federnabwerfens des Adlers.

Der Adler kann zwischen 20 und 30 Jahre alt werden. Während dieser Lebenszeit durchläuft er, nachdem er seine erwachsenen Schwungfedern entwickelt hat, aber einen ständigen Erneuerungsprozess. Dieser Prozess des Federnabwerfens findet kontinuierlich statt, um die Fähigkeit der beiden Flügel zu erhalten, mit den Windströmungen zu fliegen. Zu verschiedenen Zeiten lösen sich einzelne Federn vom Körper des Adlers. Das Interessante dabei ist: Wenn sich eine Feder von einem Flügel löst, fällt auch die entsprechende Feder des anderen Flügels ab, sodass der Adler im Flug sein Gleichgewicht halten kann. Auf diese Weise kann er immer noch aufwärts fliegen, unabhängig vom Verlust der Federn.

Adler werfen Federn auch büschelweise ab, beginnend mit dem Kopf und dann weiter nach unten, wobei es fast ein halbes Jahr dauert, bis die Federn wieder ersetzt sind. Diesen Prozess durchlaufen sie mehr als einmal, weil bei einem Mauserungsprozess nicht alle Federn ersetzt werden, da sie sonst nicht mehr fliegen und nach Nahrung jagen könnten.

Wir sehen einen ähnlichen ständigen Erneuerungs- und Regenerationsprozess auch im Leben von Jesus hier auf der Erde. In den verschiedenen Phasen seines Erwachsenenlebens veränderten sich die Schwerpunkte seines Lebens, und jede Phase spiegelte das wider, was er den Vater tun sah (vgl. Joh 5,19). Jesus führte nicht nur die ständige, tägliche Reinigung durch, indem er Zeit mit seinem Vater verbrachte, sondern er

---

[1] Die Septuaginta (...), auch griechisches Altes Testament genannt, ist die älteste durchgehende Übersetzung der hebräisch-aramäischen Bibel in die altgriechische Alltagssprache, die Koine. Die Übersetzung entstand ab etwa 250 v. Chr. im hellenistischen Judentum, vorwiegend in Alexandria. (Wikipedia, 20.10.2020).

unterwarf sich auch der „Mauserungsprozedur", wenn der Vater durch die Führung des Heiligen Geistes eine neue Phase begann.

Jesus, der Adler, wusste, dass seine Fähigkeit, zu himmlischen Orten hochzufliegen, um zu sehen, was der Vater tat, von diesem Erneuerungsprozess abhing. Er war auch als Mensch hier auf Erden abhängig – abhängig von der Führung, die er erhielt, wenn er Zeit mit dem Vater und dem Heiligen Geist verbrachte.

Zu Beginn seines öffentlichen Wirkens lag sein Schwerpunkt darauf, öffentlich zu lehren und Zeichen und Wunder zu tun. Mit der Zeit engte der Vater Jesu Wirkungskreis ein, sodass er sich mehr auf den Dienst an seinen Jüngern konzentrierte, und dann noch mehr, als er ihn zum Garten Gethsemane und ans Kreuz führte. Jeder Schwerpunkt erforderte eine gewisse „Mauserung" bzw. Erneuerung, die für den vor ihm liegenden Weg notwendig war.

Diese Übergangszeiten waren Zeiten des „Wartens auf den Herrn". Dieses Wort „warten" oder „harren" in Jesaja 40,31 bedeutet im Hebräischen „zusammenbinden, vielleicht durch Verdrehen". Das bedeutet, dass Jesus Zeit allein mit dem Vater im Himmel verbrachte, um sich mit genau dem, wozu der Vater ihn führte, „zu verbinden" oder „zusammenzudrehen". Sein Lebensmotto war immer „Ich tue nur, was ich den Vater tun sehe."

Einen weiteren Aspekt der Erneuerung sehen wir in Psalm 103,2-5. Der Adler braucht jeden Tag etwa 250-500 g Nahrung. Es ist üblich, dass der Adler mehr als die tägliche Menge sammelt und in einem speziellen Teil seines Körpers, seinem „Kropf", speichert, um Rationen für einen längeren Zeitraum zu haben. Wenn der Adler seinen Hunger gestillt hat, ist er wieder stark und hat die Kraft, sich wieder in den Himmel zu erheben.

Jesus als der überwindende Adler füllte sich ständig mit der Gegenwart seines Vaters, wie wir schon im Lukas-Evangelium gesehen haben, als wir den Menschensohn betrachteten.

Psalm 103 listet viele Segnungen auf, die Teil der Bundesbeziehung mit Gott Vater sind. Jesus lebte ständig aus der Wahrheit dieser Segnungen und wurde gestärkt, wenn er in der Gegenwart des Vaters „wartete". Man könnte es auch so ausdrücken: Er ernährte sich von allem, was der Vater ihm aus dem Wort Gottes gab.

Auf diese Weise wurde Jesus für den vor ihm liegenden Weg gestärkt. Es war aber wichtig, dass er nicht nur ernährt wurde, sondern auch seine Bestimmung erfüllte, „die Werke des Teufels zu zerstören". Wir sehen, dass er im Garten Gethsemane auf den Vater wartete, um Kraft und Entschlossenheit für sein Opfer am Kreuz zu sammeln, wo er den Einfluss Satans auf die Menschheit rechtmäßig zerstörte und dann zum ewigen Leben auferweckt wurde, was ihm niemand mehr nehmen konnte. Dies war der ultimative „Erneuerungsprozess", bei dem Jesus durch sein vollkommenes Opfer für immer verwandelt wurde, um der ewig überwindende Gott-Mensch zu werden.

Aktivierung

Als praktische Übung können wir wieder unsere Augen auf Jesus richten: Wir schließen unsere Augen und denken über alle königlichen Eigenschaften Jesu nach und beten ihn darüber an.

Ich mache es normalerweise so, dass ich meine Augen schließe und meine Gedanken (Vorstellungskraft) auf eine offene Tür in den Thronsaal Gottes richte. Ich tue das in dem Bewusstsein, dass Jesus die einzige Tür zur Gegenwart des Vaters ist. In meinen Gedanken gehe ich dann auf den Thron Gottes zu, wo Jesus zur Rechten Gottes des Vaters sitzt. Ich richte meine inneren Augen auf die linke Seite von Gottes Thron und beginne damit, Jesus, den Gott-Menschen, anzubeten, der das ewige Wort Gottes und das „vor Grundlegung der Welt geschlachtete Lamm" ist. Während ich ihn anbete, denke ich über alles nach, was sein Wort mir über seine himmlische

Abstammung und Natur sagt, und ich verwende Bilder wie die in Offenbarung 1, wo Johannes den verherrlichten Jesus in all seiner Majestät und Größe beschreibt.

Wenn du auf diese Weise einige Zeit in der Anbetung verbracht hast, kannst du wieder „herauskommen" und deine Gedanken, Impulse oder Erfahrungen, die du dabei hattest, aufschreiben. Es ist auch wichtig, „kleine" Eindrücke und Gefühle zu notieren, weil sie der Ausgangspunkt für weitere Offenbarungen und tiefere Intimität mit Gott-Vater und dem Herrn Jesus als König sein können.

Anmerkung: Es ist wichtig, das Wort nicht nur verstandesmäßig zu studieren, sondern, basierend auf dem, was du aus seinem geschriebenen Wort gelernt hast, auch Erfahrungen mit Gott (Vater, Sohn und Heiliger Geist) zu machen.

Kapitel 9

Der Adler – unser himmlisches Überwinderleben in Christus

Wie auch die anderen Gesichter Gottes, die in diesem Buch bereits besprochen wurden, ist die Adlernatur Gottes, wie sie uns in Jesus Christus gezeigt wird, ein wichtiger Aspekt unserer Reife als Söhne und Töchter von Gott, unserem Vater. Es ist das Ziel unseres Vaters, dass wir in Bezug auf *alle* diese Gesichter in der Reife wachsen, und die Adlernatur ist keine Ausnahme.

Wir sind nicht einfach „nur Menschen". Durch die Neugeburt in Gottes Familie hinein wurde Gottes DNA wie ein Same in unseren Geist hineingesät. Diese DNA ist tatsächlich die DNA Gottes, und es ist das Ziel des Vaters, dass wir in allen Aspekten in das Wesen seines Sohnes Jesus hineinwachsen (vgl. 1 Pt 1,23).

Erwachsenwerden bedeutet, dass wir reif werden und die Charaktereigenschaften unseres Vaters durch das Leben von Christus in uns übernehmen. Wir sollen reife Adler-Gläubige werden, welche alle Aspekte der Adlernatur Gottes, wie sie in Jesus Christus aufgezeigt werden, widerspiegeln. In 2. Korinther 5,17 heißt es:

Wenn jemand in Christus ist, so ist er eine neue Schöpfung; das Alte ist vergangen; siehe Neues ist geworden.

In Epheser 4,12-14 (HFA) sehen wir das himmlische Ziel für alle Gläubigen des Leibes Jesu:

> *Sie alle sollen die Christen für ihren Dienst ausrüsten, damit die Gemeinde, der Leib von Christus, aufgebaut und vollendet wird. Dadurch werden wir im Glauben immer mehr eins werden und miteinander den Sohn Gottes immer besser kennenlernen. Wir sollen zu mündigen Christen heranreifen, zu einer Gemeinde, die ihn in seiner ganzen Fülle widerspiegelt. Dann sind wir nicht länger wie unmündige Kinder, die sich von jeder beliebigen Lehrmeinung aus der Bahn werfen lassen und die leicht auf geschickte Täuschungsmanöver hinterlistiger Menschen hereinfallen.*

Kurz gesagt: Vater-Gott möchte, dass seine Kinder in sein Bild hineinwachsen und verwandelt werden – in das Bild Jesu Christi.

Scharfe Sicht

Wie schon erwähnt, haben Adler sehr scharfe Augen und können aus großer Entfernung die kleinsten Details erkennen. Ihre Sehkraft wird noch schärfer und fokussierter, wenn sie höher aufsteigen. Als Gottes Kinder können wir uns in den unterschiedlichsten Situationen dafür entscheiden, von Herrlichkeit zu Herrlichkeit verwandelt zu werden, um wie ein Adler zu werden. Wir können es lernen, uns im Geist aufzuschwingen, um Gottes höhere Sicht der Dinge zu bekommen (die himmlische Perspektive). Dies geschieht, indem wir Gott im Gebet und durch das Betrachten seines Wortes um seine himmlische Sicht bezüglich einer jeden Situation in unserem Leben bitten.

Oft bedeutet das, die niedrigeren Gedanken und Haltungen hinter uns zu lassen, um höher hinaufzukommen. Wenn wir uns im Geist aufschwingen und unsere irdischen Gedanken und Haltungen hinter uns lassen, erhalten wir eine neue Sicht davon, was die wahren Realitäten in unserem Leben sind. Dies wird anschaulich dargestellt durch die schon beschriebenen

Augenlider, die der Adler in großen Höhen öffnet, um noch schärfer sehen zu können. Unsere Sehkraft wird in der „höheren Atmosphäre" der Perspektive Gottes durch sein Wort und seinen Geist immer intensiver und schärfer, anstatt umgekehrt. In der Atmosphäre des Himmels kommen wir in Übereinstimmung damit, wie unser Vater die Dinge sieht (perfekte Sehkraft).

Wir lernen zu unterscheiden, wenn wir *„das suchen, was droben ist"* (Kol 3,1). Wir bekommen himmlische Gedanken über unsere Mitmenschen, statt dass wir auf ihre Handlungen, Worte und Einstellungen irdisch und menschlich reagieren. Ich möchte nochmals betonen, dass dies die Folge davon ist, dass sowohl Gottes Wort als auch sein Geist durch und in uns wirken. Dies wird in Jesaja 40,31 treffend beschrieben:

Aber die auf den HERRN hoffen, gewinnen neue Kraft: sie heben die Schwingen empor wie die Adler, sie laufen und ermatten nicht, sie gehen und ermüden nicht.

Kraft, den Feind zu zerstören

Jesus hatte von seinem Vater die Vollmacht bekommen, *„die Werke des Feindes zu zerstören"* (1 Joh 3,8). Am Ende seines Dienstes sagte er zu seinen Jüngern: *„Wie der Vater mich gesandt hat, so sende ich euch"* (Joh 20,21). Und bevor er in den Himmel auffuhr, sprach er die mächtigen Worte: *„Mir ist alle Macht (bzw. Vollmacht) gegeben im Himmel und auf Erden. Geht nun hin ..."* (Mt 28,18).

Wie schon weiter oben erwähnt, lehrte Jesus in Lukas 10,19 seine Jünger:

Siehe, ich habe euch die Macht gegeben, auf Schlangen und Skorpione zu treten, und über die ganze Kraft des Feindes, und nichts soll euch schaden.

All diese Verse, die direkt von unserem Herrn und Meister ausgesprochen wurden, sind eine solide Basis, um in seiner Autorität zu wandeln und gegen die Lügen (Schlangen) und geistlichen Angriffe (Skorpione) anzugehen, welche uns und auch den Leib Christi angreifen. Wir warten auf den Herrn, um seine Sicht der Dinge zu bekommen, und dann gehen wir entschlossen vor und zerstören alle Lügengeister und geistlichen Angriffe. Dies geschieht häufig im Gebet, doch gibt es auch Situationen, in denen wir unverzüglich handeln müssen, um den Zerstörer zu zerstören. Wir befinden uns in einem geistlichen Kampf, wie es der Apostel Paulus ausgedrückt hat: *„Unser Kampf ist nicht mit Fleisch und Blut, sondern gegen geistliche Feinde an himmlischen Orten"* (Eph 6,12).

Wenn wir in der Kraft des Heiligen Geistes wirken, bekommen wir eine Kraft, die weit über unserer eigenen Fähigkeit liegt, um gegen den starken Feind anzukämpfen. Durch die Kraft und Vollmacht, die uns von Jesus durch den Heiligen Geist gegeben wurde, können wir genauso wie der Adler die geistlichen Feinde, welche gegen uns kommen, effektiv ergreifen und zerstören. Genauso wie Jesus sagte, dass es *„sein Brot ist, den Willen des Vaters zu tun",* zerstören wir unsere geistlichen Feinde, wie Gottes Geist uns führt – es wird unser „Brot" (unsere „Beute"), dies zu tun.

Sich die „Thermik" des Geistes zunutze machen

Genauso wie Adler es instinktiv lernen, die Windströmungen zu erkennen und intuitiv zu nutzen, um sich, sogar in Stürmen, aufzuschwingen, können wir uns unter die Herrschaft des Heiligen Geistes begeben, um zu lernen, seinen Wind zu nutzen, wenn er weht. Der Heilige Geist lehrt uns auch, wie wir Stürme gebrauchen können (gewaltige Windströmungen), um uns hoch über die Strömung aufzuschwingen und über den Sturm zu gelangen. (Nebenbei gesagt, wenn wir lernen, wie man Stürme gebrauchen kann, um höher aufzusteigen, heißt das, dass wir Stürme in unserem Leben haben *werden*.)

Wenn wir uns als „Adler-Heilige" entwickeln, haben wir indes keine Angst mehr vor Stürmen. Wir machen uns die Windströmungen zunutze, die im Sturm aufgewirbelt werden, um immer höher zu steigen und über den Sturm zu kommen. Wir sind daher von Stürmen nicht mehr eingeschüchtert, sondern erkennen, dass sie eine Chance darstellen, um zu überwinden (höher aufzusteigen).

Sobald wir in den Strom des Geistes Gottes hineinkommen, können wir in der Kraft, die er uns gibt, ruhen (auf der Windströmung reiten) und müssen nicht all unsere eigene Kraft einsetzen, um „wie ein Huhn herumzuflattern". Denke daran, Adler wurden geschaffen, um zu schweben, und nicht, um hektisch mit den Flügeln zu schlagen.

Wir möchten mit Jesus, dem wir folgen, sagen können: *„Ich tue nur die Dinge, die ich den Vater tun sehe"* (Joh 5,19). Wir werden nicht von den Meinungen oder der Panik anderer hin und her gerissen und bleiben vom Widerstand anderer gegen uns unbeeindruckt. Wir entscheiden uns, Zeit damit zu verbringen, uns auf den Vater und seine ewige Perspektive zu konzentrieren. Das wirkt sich positiv auf unser tägliches Leben und unsere Beziehungen aus.

Hoch über allen irdischen Dingen fliegen

Seien wir ehrlich! Wir alle führen unser Leben auf dieser Erde umgeben von Menschen und ihren Einstellungen, die *nicht* der Perspektive Gottes entsprechen, der hoch erhaben über den Himmeln sitzt. Wir alle müssen uns mit Menschen, Situationen, kulturellen und ethischen Standpunkten und Meinungen auseinandersetzen, die nicht mit dem übereinstimmen, was Gott für die Menschheit, geschweige denn für uns persönlich geplant hat.

Wenn wir Zeit mit dem Herrn verbringen und uns dafür entscheiden, uns über diese weltlichen Einstellungen und Meinungen zu erheben, gehen wir durch einen Prozess, in dem wir lernen, mit diesen Dingen anders umzugehen. So wie der Adler immer höher fliegt, um die „Krähen" weit unter sich zu lassen, müssen wir danach trachten, uns auf die himmlische Perspektive zu konzentrieren. Paulus fordert uns auf:

> ... *sucht, was droben ist, wo der Christus ist, sitzend zur Rechten Gottes!* (Kol 3,1).

Und weiter:

> *Sinnt auf das, was droben ist, nicht auf das, was auf der Erde ist!* (Kol 3,2).

Dies bedeutet nicht, dass wir nicht auf dieser Erde leben, oder dass wir die Ereignisse, die um uns herum geschehen, sowie die Haltungen und Meinungen der Menschen ignorieren. Es bedeutet, dass wir uns nicht auf diese Dinge konzentrieren und ihnen nicht erlauben, uns dahingehend zu beeinflussen, dass wir uns auf ein niedrigeres Level bezüglich unseres Glaubens und unserer Sichtweise „runterziehen lassen".

Freiheit

Dies ist einer meiner liebsten Aspekte dessen, dass der Adler-Christ die „himmlische Natur" von Jesus auslebt. Wie ich schon erwähnte, sind Adler ein Symbol für Freiheit, weil sie sich nur entfalten können, wenn sie frei (wild) leben können. Adler sind die reinlichsten wilden Vögel, aber wenn man sie in Gefangenschaft bringt, werden sie zu den schmutzigsten Vögeln und vernachlässigen sich.

Dies gilt auch für die Gläubigen des Leibes Christi. Wir wurden **„zur Freiheit berufen"** (vgl. Gal 5,1). Wir sind zur Freiheit der Sohnschaft berufen: Wir verlassen uns auf den Geist Gottes, uns in unserem Leben des Gehorsams gegenüber Gott zu leiten. Wir sind berufen, dem Herrn Jesus und nicht den menschengemachten (religiösen) Traditionen, die andere uns auferlegen möchten (deren Erwartungen), zu folgen. Genauso wie Jesus verantwortlich war, den Willen des Vaters zu tun und sich nicht den Meinungen und menschengemachten Traditionen zu beugen, so müssen wir ebenfalls unsere Freiheit in Christus erhalten, indem wir uns nicht unter ein Joch von Regeln und Vorschriften bringen lassen, die andere im Leib Christi uns auferlegen möchten.

Ein Adler in Gefangenschaft wird sehr schmutzig und vernachlässigt seine Hygiene und Reinlichkeit. Dies ist ein Bild des geistlichen Zustandes, in welchem sich nicht wenige Gläubige befinden, weil sie in einem „Hühnerstall" gefangen sind. Dort sagen ihnen andere, was sie tun und wie sie leben sollen. Die Folge davon ist, dass sie keine geistliche Hygiene erlernen und in einer unfreien, unreifen und unselbständigen Haltung in den Meinungen und Regeln ihrer Gruppe oder Denomination gefangen sind. Nicht nur, dass sie nie lernen zu fliegen, weil man ihnen sagt, sie müssten „in der Gruppe bleiben", sondern sie fangen auch an zu glauben, ihr „Hühnerstall" sei der einzig richtige Platz für sie, obwohl ihre wahre Natur innerlich aufschreit und etwas anderes sagt. Dies verwechseln sie leicht mit „Rebellion". Adler in Gefangenschaft realisieren nie ihr wahres Potential, weil sie „Hausarrest" haben wie die Hühner.

Gottes höchster Plan für unser Leben als Kinder mit seiner DNA – dem Leben Christi in uns – besteht darin, dass wir lernen, unsere Flügel zu entfalten und hochzusteigen wie ein Adler, wo wir die Dinge aus seiner Perspektive sehen. Dies geschieht, wenn wir **ihn** suchen und darauf hören, was er uns (ganz persönlich) durch sein Wort sagen will. Auch kommt es dadurch, dass wir uns – wie Jesus – nicht sklavisch den stringenten Forderungen der anderen, „wie es getan werden sollte", beugen.

Wenn wir lernen, wie ein Adler im Geist zu fliegen, wollen wir automatisch „sauber bleiben", damit wir aufsteigen und fliegen können. (Wie schon erwähnt, ist es unabdingbar, die Federn sauber zu halten, um fliegen zu können.)

Ein tragischer Aspekt für die fehlende Freiheit eines Adler-Christen ist, dass er das Leben (das eigene genauso wie das der anderen) *nicht* aus Gottes „Adler-Perspektive" sehen kann. Wenn uns Gottes Sicht in Bezug auf unser Leben fehlt, werden wir unsere Berufung (was Gott für uns in diesem Leben und darüber hinaus geplant hat) nicht erfüllen können.

Tägliche Reinigung

Der Adler ist als einer der reinlichsten Vögel bekannt. Er verwendet täglich eine ganze Stunde darauf, *alle* seine Federn zu reinigen und danach mit natürlichem Öl zu versehen, welches in seinen Drüsen produziert wird. Für den Adler ist das unabdingbar, denn es sichert sein Überleben sowie seinen Lebensunterhalt. Wenn die Federn in Ordnung sind und „wie geölt" funktionieren, dann kann der Adler den Wind nutzen, um zu dem Ort der perfekten Sicht aufzusteigen und sich von dort auf seine Beute herunterzustürzen.

Die tägliche Reinigung und Ölung, die der Adler durchführt, um neue Vitalität und Leichtigkeit in seinem Flug zu erreichen, ist ein Bild für unsere Lebensführung als Adler-Christen. So wie Jesus, der ultimative Adler, bleiben wir beweglich und voller Leben, wenn wir jeden Tag Zeit in der Gegenwart unseres himmlischen Vaters verbringen und mit ihm in seinem Wort Gemeinschaft haben. Sein Wort und sein Geist reinigen uns. In Epheser 5,26 lesen wir, dass **Jesus uns mit dem Wort Gottes wäscht, um uns zu heiligen und zu reinigen.**

Jesus sagte auch: *„Ein Jünger steht nicht über seinem Lehrer, und ein Sklave nicht über seinem Herrn"* (Mt 10,24). Wir haben bereits gesehen, dass dies der wichtigste Teil des Wandelns von Jesus mit seinem Vater war – ihn an einem ruhigen Ort zu suchen und Zeit mit ihm zu verbringen im Reden und Hören, was der Vater ihm sagen und zeigen wollte.

Wenn Jesus, der die Adlernatur Gottes auf dieser Erde widerspiegelte, den stillen und verborgenen Ort mit seinem Vater im Himmel aufsuchen musste – *wie viel mehr* benötigen dann wir diese Zeit mit dem Vater, um durch seine Gegenwart gereinigt und frisch geölt zu werden?

Dazu gehört auch, dass wir Zeit damit verbringen, das Wort Gottes zu studieren, indem wir es im Gebet auch aussprechen. Wir müssen eng mit allem vertraut sein, was der Vater für uns niedergeschrieben hat, damit unser Herz zu einem Reservoir der Wahrheit wird, auf das der Heilige Geist in bestimmten Umständen unseres Lebens zurückgreifen kann.

Nur die Schrift zu kennen, reicht natürlich nicht aus. Wir sehen das im Leben der religiösen Leiter in den Tagen Jesu. Sie kannten das geschriebene Wort, lehnten aber das wahre und lebendige Wort Gottes vom Vater (Jesus) ab. Wir können uns nicht auf unser natürliches, verstandesmäßiges Wissen des Wortes verlassen – wir sollten uns täglich von der Gegenwart Gottes durchdringen lassen und genau die Schriftstellen, die der Vater über uns ausgesprochen hat, beten.

Die tägliche Reinigung bedeutet zudem, dass wir vor den Vater kommen und uns dem ganzen Wort Gottes in allen Dingen unterstellen (erinnere dich an das „Joch"). Dazu gehört, dass wir den Vater um Vergebung bitten für alle Sünden (Zielverfehlungen), Übertretungen (Überschreiten geistlicher Grenzen) und Ungerechtigkeiten (sündige Tendenzen in unserer Blutlinie).

„In der Gegenwart Gottes baden" heißt, dass wir mit dem Vater an einem abgesonderten Ort der Ruhe und des Gebets alleine sind und über all das nachdenken, wer **er** ist, was **er** für uns getan hat sowie alles, was **er** über uns in seinem Wort sagt. Wenn wir dies tun, kommt der treue Heilige Geist und badet unsere Herzen mit seiner Gegenwart. Dann befinden wir uns im geistlichen Raum tatsächlich vor dem Thron Gottes, auch während wir auf einem Stuhl sitzen, in einem Bett liegen oder im Gebet auf unseren Knien sind. Sprüche 3,5-6 und Psalm 139,23-24 sind für mich immer gute Anleitungen:

Vertraue auf den Herrn mit deinem ganzen Herzen, und stütze dich nicht auf deinen Verstand. Erkenne ihn auf allen deinen Wegen, dann ebnet er selbst deine Pfade.

Durchforsche mich, Gott, und erkenne mein Herz. Prüfe mich und erkenne meine Gedanken! Und sieh, ob ein Weg der Mühsal bei mir ist, und leite mich auf dem ewigen Weg!

Das „Einölen der Federn" bezieht sich auf unsere Hingabe an den Heiligen Geist und seine Salbung und Führung (vgl. Jes 61; Lk 4). Nach unseren Zeiten der Reinigung in Gottes

Gegenwart können wir (entsprechend der Leitung des Heiligen Geistes) unsere totale Unterordnung unter den Heiligen Geist und die Pläne des Vaters jeden Tag erneuern und mit einer frischen Salbung rechnen.

Dies sind die verborgenen Zeiten allein mit dem Vater. Hiervon mögen die anderen nicht viel mitbekommen, genauso wie wir nicht viel darüber lesen, was während Jesu Zeiten mit dem Vater passierte. Aber wir werden aus diesem abgesonderten Ort mit einem gereinigten, gesalbten und erneuerten Herzen, Verstand und Geist hervorkommen; und wir werden beständig auf unseren Vater ausgerichtet sein. Diese Zeiten werden uns auch davor behüten, Dinge aus eigener Kraft zu tun. Wir können als Adler-Christen so weit wachsen, dass wir sagen können:

> *„Ich kann nichts aus mir selber tun, sondern ich tue nur die Dinge, die ich den Vater tun sehe"* (Joh 5,19)

Wiederherstellung der Vitalität

In Jesaja 40,31 lesen wir:

> *Aber die auf den HERRN harren, kriegen neue Kraft, dass sie auffahren mit Flügeln wie Adler, dass sie laufen und nicht matt werden, dass sie wandeln und nicht müde werden.*

Während wir in unserem Leben mit Jesus Christus voranschreiten, sollen wir durch eine ständige Erneuerung „von Herrlichkeit zu Herrlichkeit" gehen. Aber es gibt auch besondere Übergangszeiten in unserem Leben, in denen wir einen gewissen „Mauserungs"-Prozess durchlaufen, genau wie der natürliche Adler. Die Länge der Übergangszeit kann davon abhängen, wie sehr sich der Schwerpunkt unseres Dienstes oder unser Lebensfokus verändert.

In bestimmten Abständen, wenn wir uns auf den Winden des Geistes bewegen und das Leben eines siegreichen „Adler"-Christen leben, erhalten wir Hinweise darauf, dass wir uns zurückziehen sollen, um für die nächste Etappe unserer Reise erneuert zu werden. Dies sind Zeiten des längeren „Wartens" auf den Vater, um mit dem, was sein Wille für uns in diesem besonderen Lebensabschnitt ist, „verbunden" bzw. „zusammengedreht" zu werden.

Dies ist eine Zeit, in der mehr geschieht als nur der tägliche Reinigungsprozess, den wir ständig mit dem Herrn erleben. Es ist eine Zeit des Loslassens von Dingen, die der Herr nicht mehr durch uns tun will, sodass neue Dinge wachsen können. Dies zeigt sich in der Mauser der Adlerfedern – die alten fällt heraus und die neuen können nachwachsen, sodass der Adler wieder in optimaler Stärke aufsteigen kann.

Das Alte loszulassen und uns Zeit zu nehmen, dass sich der neue Schwerpunkt in unserem Leben entwickeln kann, kann sehr herausfordernd sein. Vieles von dem, was wir bisher zu tun, zu sagen und zu denken gewohnt waren, scheint „abgefallen" zu sein, genau wie die abgelösten Adlerfedern während des Mauserprozesses.

Ein weiterer Aspekt dieses Übergangsprozesses besteht darin, dass wir uns Zeit nehmen, um uns auf alle Vorteile unseres Bundes mit dem Herrn zu konzentrieren und darüber nachzusinnen, wie wir in Psalm 103,2.5 lesen: „... *vergiss nicht, was er dir Gutes getan hat*", damit „*du wieder jung wirst wie ein Adler.*" In dieser Zeit, in der manchmal sogar unsere ganze Identität und Bestimmung in Frage gestellt zu sein scheinen, können wir uns auf seine Bundesversprechen stützen und unseren Mund mit dem füllen, was er uns versprochen hat:

> *Lobe den HERRN, meine Seele, und vergiss nicht, was er dir Gutes getan hat: der dir alle deine Sünde vergibt und heilet alle deine Gebrechen, der dein Leben vom Verderben erlöst, der dich krönet mit Gnade und Barmherzigkeit, der deinen Mund fröhlich macht und du wieder jung wirst wie ein Adler* (Ps 103,2-5).

Während dieser Zeit können wir uns auch vom „Brot des Lebens", Jesus, nähren, indem wir Zeit in seiner Gegenwart verbringen und Bestätigung und Liebe, aber auch Offenbarung und Führung für die kommende Zeit erhalten.

Während dieses Veränderungsprozesses arbeiten wir nicht „auf Hochtouren", weil sich in uns etwas Neues bildet – neue Gedanken und ein neuer Fokus vom Herrn. Vielleicht werden wir auch nicht von allen um uns herum verstanden, so wie Jesus auch von seinen Jüngern nicht wirklich verstanden wurde, als er auf Jerusalem zuging, um seine höchste Bestimmung zu erfüllen.

Aus diesem Veränderungsprozess, wenn wir in der Gegenwart des Herrn warten und die „neuen" Federn empfangen, folgt, dass wir in der Lage sind, höher hinaufzusteigen in das, was er für uns vorbereitet hat, und dass wir neue Kraft für den nächsten Lebensabschnitt erhalten.

All diese Aspekte des Adlers, der an Christus glaubt, sind lebensnotwendig, um hoch hinauffliegen zu können und den Sog des niederen Lebens im „Hühnerstall" zu überwinden. Diese Eigenschaft von Jesus, dem siegreichen Überwinder, ist ein wichtiger Teil unserer Verwandlung in das Bild des himmlischen Vaters, „von Herrlichkeit zu Herrlichkeit"!

Aktivierung

1. Gehe an einen ruhigen Ort, wo du alleine mit Gott bist, und richte deine Aufmerksamkeit auf die verschiedenen Charaktereigenschaften des Adlers. Betritt im Gebet und im Glauben den Thronsaal, indem du deine Augen schließt und dir vorstellst, wie der Thronsaal gemäß Offenbarung 4 und 5 aussieht. Denke daran, dass Gott durch Jakobus sagt, wenn wir „uns ihm nahen", dann naht er sich uns. In dieser Übung geht es darum, dass wir uns mit unserem Geist – durch Jesus als die einzige Tür, gekleidet in seine Gerechtigkeit durch sein Blut – Gott nähern. Wir dürfen dann eine Antwort vom Vater erwarten.

2. Und nun wieder die Übung, die uns auf unbekanntes Terrain führt. Gehe wieder zum Thron, indem du Hesekiel 1 und Offenbarung 4 und 5 als Anhaltspunkt dafür verwendest, wie es für unsere geistlichen Augen im Thronsaal „aussieht". Eine der Aktivitäten, welche kontinuierlich vor Gottes Thron geschieht, ist die Anbetung der vier lebenden Wesen (wir haben diese Stellen am Anfang dieses Buches gelesen). Du kannst nähertreten (Augen geschlossen halten und dich im Glauben entscheiden, den Thronsaal zu sehen). Dann trete zwischen die vier lebendigen Wesen, die in Anbetung sind. Geh dahin, wo das „Adler"-Wesen anbetet, stelle dich direkt neben es, und bete mit ihm zusammen Gott an. Bitte den Vater, dir mehr bezüglich seiner Adlernatur zu offenbaren. Du kannst auch Jesus, der zur Rechten des Vaters auf seinem Thron sitzt, anbeten und auch ihn bitten, dir mehr von seiner Adlernatur zu vermitteln. Nach dieser Bitte beobachte, was für Bilder in deinen Gedanken auftauchen, oder was du im Herzen empfindest. Danach schreibe auf oder protokolliere, was du vom Vater erhalten hast, und stelle ihm Fragen zu dem, was du aufgeschrieben hast.

3. Eine weitere Übung scheint eher verstandesmäßig zu sein, aber wir wissen, dass das geschriebene Wort Gottes Kraft hat, uns durch die Erneuerung unseres Verstandes zu verändern. Schau in der Bibel Stellen nach, wo der „Adler" erwähnt wird, und bitte den Herrn, dir eine neue Offenbarung bezüglich dieses Aspektes seines Charakters, den er in dir entwickeln möchte, zu geben. Führe schriftliche Notizen über das, was er dir zeigt. Diese Übung kann ebenso für die anderen Gesichter Gottes (Löwe, Ochse, Mensch) durchgeführt werden.

Lass uns zusammen beten:

Lieber Vater-Gott, wir kommen demütig zu dir vor deinen Thron und danken dir für alles, was du uns über deinen Charakter durch Jesus als den fliegenden Adler offenbart hast. Wir kommen näher dorthin, wo die lebendigen Wesen, *erfüllt mit deinem Leben und deinem Charakter, anbeten. Wir bitten dich, dich uns zu offenbaren, während wir im Geist hier stehen. Offenbare mehr davon, wer du bist und wer Jesus ist. Lass uns immer mehr teilhaben an deinem „Adler-Wesen". Vater, verändere du unsere DNA so, dass sie mehr deiner DNA gleicht. Wir wollen „von Herrlichkeit zu Herrlichkeit" verwandelt werden, während wir dich anschauen und anbeten. Danke, dass du uns durch den Heiligen Geist immer mehr in dein Ebenbild verwandelst. Wir wollen **alles** empfangen, was du in und durch uns als deinen Söhnen und Töchtern tun willst. Amen.*

Kapitel 10

Wie geht es weiter?

Beim Schreiben dieses Buches wurde mir klar, dass es noch immer viele unentdeckte Geheimnisse bezüglich der vier Lebendigen Wesen und der vier Gesichter des Vaters gibt. Es war nicht mein Ziel, *alles* in diesem Buch niederzuschreiben, was mir Gott gezeigt hat. Es war mir wichtig, nur jene Wahrheiten aufzuschreiben, die in unserem Leben allgemein und einfach anzuwenden sind, um unserem himmlischen Vater und seinem Sohn, Jesus Christus, ähnlicher werden zu können. Wir gehen dabei wirklich „von Herrlichkeit zu Herrlichkeit" (vgl. 2 Kor 3,18).

Vieles, was wir über die vier Gesichter des Vaters empfangen, ist eine *Herzensoffenbarung*, während wir anbeten und im Gebet darauf warten, dass unser herrlicher Gott uns innerlich erleuchtet.

Rückblick

Bevor ich mich in dieses Thema vertiefte, machte ich mir eine Liste mit den Zielen für dieses Buch. Schauen wir sie noch einmal an, um zu sehen, ob die Ziele erreicht wurden. Ich wollte,

- den Herrn Jesus Christus beschreiben, wie er in den vier Evangelien im Zusammenhang mit den (Gesichtern der) vier lebendigen Wesen offenbart wird (Löwe, Ochse, Mensch und Adler).

- praktisches Wissen darüber vermitteln, auf welche Weise diese vier „Gesichter" Gott, unseren Vater, in seiner Fülle widerspiegeln.
- aufzeigen, wie wir in diese Wahrheiten hineinkommen und sie auf unser Leben anwenden können, damit wir als neugeborene Söhne und Töchter Gottes zur Reife gelangen können.

Ich möchte dich dazu ermutigen, Gott persönlich zu suchen, damit du diese himmlischen Wahrheiten von Herzen verstehen kannst. Er wird dir immer tiefere Erkenntnis in Bezug auf die vier lebenden Wesen geben und, am Allerwichtigsten, in Bezug darauf, **wer** unser Vater wirklich ist, und auf den herrlichen Charakter, den er in seinen Kindern entwickeln will, während sie durch das ihnen innewohnende Leben Jesu Christi immer reifer werden.

Diese Reise ist für diejenigen gedacht, welche verändert werden möchten – die verwandelt werden und heranreifen wollen in das Bild des Vaters im Himmel. Es geht nicht darum, sich nur Kopfwissen anzueignen oder emotionale Erfahrungen zu machen. Das Ziel ist, dass wir alle Facetten unseres Vaters und seiner DNA in unserer gesamten Person empfangen. Die Folge dieses lebenslangen Prozesses ist, dass wir in den Charakter und das Ebenbild Gottes hineinwachsen werden.

Es ist auf diesem Weg sehr wichtig, sich mit anderen Gläubigen zu umgeben, die das Gleiche suchen. Bitte den Herrn, dich mit solchen Leuten zusammenzubringen, die Gott in seinem heiligen Thronraum begegnen und ihm durch ein Leben in seiner Gegenwart immer ähnlicher werden wollen.

Zum Schluss möchte ich noch einmal das gleiche Gebet sprechen, welches ich an den Anfang dieses Buches gestellt habe. Diesmal ist es in der ersten Person geschrieben, damit du es mit mir zusammen beten kannst:

Unser himmlischer Vater, ich danke dir für dein Wort und dafür, dass du dich durch dein Wort ständig neu offenbarst. Danke, dass ich mehr Offenbarung über dich und deinen

Charakter bekommen kann. Ich werde alles wertschätzen, was ich erhalte, wenn ich all die Wahrheiten erforsche und entdecke, die du mir durch die vier Gesichter zeigst, die deinen Charakter widerspiegeln.

Und, lieber Vater, ich bitte dich darum, mich von Herrlichkeit zu Herrlichkeit zu verwandeln, während ich in dein vierfaches Antlitz des Löwen, Ochsen, Menschen und Adlers schaue. Amen!

Anhang

Bibliographie & Quellen:

- John Bickersteth and Timothy Pain, *The Four Faces of God*, Kingsway Publications 1992
- Ian Clayton, *Räume des Königreiches – Band 1*, Son of Thunder Publications Ltd. 2019 (Band 2 bis jetzt nur in Englisch)
- Neville Johnson, *The Four Faces of Jesus and the Endtime Sons of God*, 4 Teile (englisch), Youtube
- Diagramme des Lagers der Israeliten in der Wüste: www.biblestudytools.com und www.trackingbibleprophecy.org

Links

- Der Dienst von Mike & Kay Chance: arise-chance.com
- *The Rev / The Ekklesia of The Most High:* www.theekklesiaofthemosthigh.com
- Autor Frank Krause: www.autor-frank-krause.de

Über die Autorin

Rebecca Weisser stammt aus den USA und lebt seit 1988 im Schwarzwald. Sie ist seit 30 Jahren mit Thomas, einem Deutschen, verheiratet und hat mit ihm eine Tochter und einen Sohn. Seit 40 Jahren ist sie in den Bereichen Lobpreis und Anbetung, Seelsorge und geistliches Mentoring aktiv. Neben anderen Studiengängen hat Rebecca einen *Bachelor of Ministry*-Abschluss vom *Vision International College and Seminary,* USA.

Nachdem sie viele Jahre lang in diversen Veranstaltungen als Sprecher dienten, gründeten Rebecca und ihr Mann Thomas das HOPP *(House of Prayer and Praise)* in Triberg im Schwarzwald, das sie auch heute noch leiten. Neben ihrem geistlichen Dienst und dem Familienleben arbeitet Rebecca in der Firma ihres Ehemanns mit, einem Kuckucksuhrengeschäft.

Rebeccas Herzensanliegen ist es, andere in eine tiefe Beziehung mit Gott-Vater, Jesus Christus und dem Heiligen Geist zu führen. Dieses Buch bringt diesen Wunsch, die *Person* des dreieinigen Gottes für uns realer zu machen, zum Ausdruck – nicht nur durch Informationen, sondern auch durch praktische Übungen.

Weitere Produkte von GloryWorld-Medien

„Himmlische Bücher für die Erde"

Jonathan Welton, Die Schule der Seher

Eine praktische Anleitung, wie man ins Unsichtbare hineinsehen kann; 224 S.; Pb.; Vorwort von Randy Clark

Viele Christen haben angefangen, übernatürliche Phänomene zu erleben: Träume, (offene) Visionen, Engel oder Dämonen. Aber es mangelt ihnen an solider biblischer Lehre und sie sind zu dem geworden, was man als *Seherwaisen* bezeichnet: Sie suchen verzweifelt nach jemandem, der sie trainiert, ermutigt und freisetzt.

Das Ziel von Jonathan Welton war deshalb, ein praktisches Handbuch herauszubringen, das den Leib Christi mit den Informationen ausrüstet, die notwendig sind, um in der Dimension des Prophetischen bzw. des Sehers zu wachsen und im Leben im Übernatürlichen Reife zu erlangen.

Dr. Charity Virkler-Kayembe / Dr. Mark Virkler
Höre Gott durch deine Träume

Gottes Reden in der Nacht verstehen; 288 S., Pb.

In der Bibel finden wir sehr viele Beispiele für Gottes Reden durch Träume. Auch heute möchte er uns durch Träume wichtige Botschaften zukommen lassen. Doch beachten wir sie oft wenig oder wissen nicht, wie sie zu deuten sind.

Diesem Missstand möchte dieses Buches abhelfen. Die Autoren haben sehr viele Erfahrungen im Umgang mit Gottes Reden gesammelt. Das Buch ist ein praktischer, leicht verständlicher und biblischer Leitfaden, um die Sprache zu verstehen, die Gott in unseren Träumen benutzt.

Bill Johnson / Randy Clark, Berufen zu heilen I

Grundlagen und Praxis des Gebets für Kranke, 240 S., Pb.

Jeder Christ kann von Gott gebraucht werden, um anderen Heilung zukommen zu lassen. Das ist das Anliegen der beiden Autoren. Dazu berichten Sie, wie Gott sie in den Heilungsdienst hineinführte, und legen anschließend klare biblische Grundlagen für das Heilungsgebet. Im umfangreichsten Teil gehen sie auf verschiedene Aspekte ein, die für eine Heilung förderlich sind, erläutern, wie seelische und körperliche Krankheiten zusammenhängen und stellen dann ein in der Praxis bewährtes Modell für das Gebet um Heilung vor, das für alle Christen leicht anwendbar ist.

James Goll
Geistlich wahrnehmen und unterscheiden
Wie wir Offenbarungen empfangen, prüfen und anwenden können; 216 S.

James Goll erklärt, dass jeder Nachfolger Jesu geistliche Offenbarungen empfangen und prüfen kann, auch wenn einige als Propheten besonders begabt sind. Er legt präzise dar, wie wir unsere Sinne dem Heiligen Geist hingeben können, damit wir geistlich wahrnehmen können.

Und er erläutert, wie wir Offenbarungen prüfen, anwenden und letztlich verinnerlichen können, damit die Menschen sie nicht nur hören, sondern in uns sehen.

Für das vertiefte Studium ist ein Arbeitsbuch erhältlich.

James Goll
Die Gaben des Heiligen Geistes freisetzen
216 S., Paperback

Der Heilige Geist demonstriert Gottes übernatürliche Kraft durch seine Gemeinde heute, indem seine Herrlichkeit auf globaler Ebene freigesetzt wird. Alle Gaben Gottes sind immer noch voll funktionsfähig, und jeder einzelne Gläubige ist dazu bestimmt, im Fluss Gottes zu leben und seine Bestimmung zu erfüllen.

James Goll zeigt auf, wie der Heilige Geist durch die neun bekanntesten Geistesgaben wirkt und wie wir sie unter Gottes Leitung für die Erfüllung des Missionsbefehls einsetzen können.

Anhand vieler anschaulicher Beispiele aus der Bibel und aus der Gegenwart lernen wir, wie geistliche Gaben in der Praxis funktionieren. Aber es geht in diesem Buch nicht nur darum, wie man seine geistlichen Gaben entdeckt oder empfängt, sondern wie man sie freisetzt und weitergibt!

Für das vertiefte Studium ist ein Arbeitsbuch erhältlich.

Markus Herbert, Komm höher herauf!
Visionen vom Berg Zion, dem Garten Eden und dem himmlischen Jerusalem; 136 S., Pb.

Dieses Buch ist ein Zeugnis dafür, dass es sich lohnt, sich im Geist auf das Abenteuer einzulassen, himmlische Orte schon jetzt aufzusuchen. Sowohl der himmlische Vater als auch Jesus Christus und der Heilige Geist konnten dem Autor dort tiefe Einsichten vermitteln.

In fortschreitenden Visionen durfte der Autor nicht nur den Berg Zion, sondern auch das Paradies und das himmlische Jerusalem besuchen. Das Eindrücklichste war, dem himmlischen Vater in seinem Vaterherzen zu begegnen.

Barry & Lori Byrne, **Liebe in der Ehe**

Eine tiefere geistliche, emotionale und körperliche Einheit erleben; Vorwort von Bill Johnson; 334 S., Klappenbroschur

Gott möchte, dass die Ehe ein Ort echter Liebe und Vertrautheit ist. Dafür brauchen wir die Hilfe des Heiligen Geistes. Mit ihm können wir die Ursachen unserer Konflikte erkennen und überwinden. Unsere Ehe kann Heilung und Wiederherstellung erfahren, egal, wie der momentane Zustand ist.

Mit klarer biblischer Lehre und vielen praktischen Hilfen packen die Autoren die wichtigsten heißen Eisen an. Viele ermutigende Erfahrungsberichte verdeutlichen die dramatische Heilung und Intimität, die mit Gottes Hilfe möglich ist.

Danny Silk, Erziehung mit Liebe und Vision

Herzensbeziehungen eingehen statt Machtkämpfe austragen
Vorwort von Bill Johnson; 170 S., Pb.

Danny Silk fordert uns in unserem bisherigen Denken über Liebe, Disziplin und Respekt, ja in unserer generellen Vorstellung von Kindererziehung heraus. Er stellt eine Denk- und Lebensweise vor, die eine Leichtigkeit und Frieden in unsere familiären und sonstigen Beziehungen bringt.

Unser Herz spielt dabei die zentrale Rolle. Das Herz der Eltern und das Herz der Kinder. Wenn beide Seiten verstehen, wie sich ihr jeweiliges Verhalten auf das Herz des anderen auswirkt, werden die Herzen geschützt und Beziehungen können gedeihen.

Dr. Larry Richards
Die volle Waffenrüstung Gottes

Gut geschützt gegen die Angriffe des Bösen; 208 Seiten, Pb.

Die Bibel macht deutlich, dass ein Großteil unserer Unsicherheiten, Ängste und Zweifel auf den Machenschaften böser Mächte beruhen. Deshalb ist es so entscheidend, dass wir sowohl die Strategien kennen, die Satan benutzt, um uns anzugreifen, als auch die Rüstung, die Gott uns zur Verfügung stellt, um uns dagegen zu schützen.

Eine biblische Dämonologie, Hilfen zum Umgang mit dem Bösen in der Seelsorge sowie Lektionen für „Lebe-frei-Selbsthilfegruppen" runden das Buch ab.

Bestellen Sie im Buchhandel oder direkt beim Verlag:

GloryWorld-Medien | Beit-Sahour-Str. 4 | D-46509 Xanten
Fon: 02801-9854003 | Fax: 02801-9854004 | info@gloryworld.de

Aktuelles, Leseproben, Downloads & Shop: **www.gloryworld.de**